LA SEXUALIDAD HUMANA Y SUS TRASTORNOS

Alejandra Menassa de Lucia

y

Pilar Rojas Martínez

EDITORIAL GRUPO CERO
COLECCIÓN: EXTENSIÓN UNIVERSITARIA

Foto de contraportada: Helena Trujillo

© Editorial Grupo Cero
  Depósito Legal: M-0000-2015
ISBN: 9798547003981
Impreso en Pinares Impresores, S.L.
pinaresimpresores@telefonica.net
C/ Buen Gobernador, 24
28027 Madrid

Impreso en España

ÍNDICE

PRÓLOGO

La lectura de este libro, sobre las alteraciones que padece la función de la sexualidad humana, me remitió a pensar el origen sobre el que luego se asentarán los caminos y donde el deseo tropezará dando origen a los síntomas. El recorrido de la lectura se ve precedido por un poco de historia como para ubicar en el tiempo el desarrollo de esta humanidad.

Si comenzamos con eso que está en el principio, con el amor, tenemos que acordar que el amor son sólo sus palabras y ya tenemos un contratiempo instalado en el origen. De allí, un salto a la pregunta: ¿Cuántos hombres estarían enamorados si no hubiesen oído jamás hablar de amor? De esta manera quedan enlazados la pasión y la expresión que de ahora en más se vuelven inseparables, siendo la pasión sólo la fuerza que hace nacer el lenguaje.

Muchos cantos se elevaron como aquel de Wagner componiendo Tristán, donde cantó a la Noche de la disolución de las formas y de los seres, a la liberación del deseo, a la gloria crepuscular del alma salvada por la herida mortal del cuerpo. Y del misterio de la Noche y la destrucción de los cuerpos, se hizo la sublimación de un secreto a voces, el atractivo sexual, la ley animal de los cuerpos, lo que la sociedad necesita para procrearse y consolidarse.

Pero desde Freud las cosas del amor han tomado otro giro, es cuando más allá del relato del sueño, se imponía un deseo que transformaba la certeza del decir en un mal dicho, el equívoco, aquel que transformaría el nacimiento de Eros en el advenimiento de Afrodita. Una noción de lo femenino que instala una nueva manera de gozar.

La fuerza se desplaza entonces, no es el flechazo de Eros condicionando siempre la dirección casi puntual de un blanco, sino la emergencia desopilante, sin sentido, sin dirección pero direccionable para otro, que podrá darle un sentido a lo que hasta ahora era sólo ausencia. Por lo tanto es en el arco de Cupido donde está la curva de la realización de la sexualidad viviente, en el recorrido de esa flecha cuyo destino es un blanco que realiza su obra en un golpe de amor, sólo marcando un tanto, un golpe y ese es su fin. Vemos entonces la flecha de Eros desplazarse del amor a la libido, donde la fuerza constante portará en sí la intermitencia, esa que despegará a la pareja amor-odio, para ser sólo sexualidad. Lo sexual instala una nueva pareja jugada totalmente en la disparidad subjetiva. Donde uno es el que tiene pero que no sabe que es lo que tiene y el otro tiene una falta, pero no sabe lo que le falta. Hay disimetría esencial de ambos sexos en el Edipo. Esta disimetría se sitúa esencialmente a nivel simbólico, y se debe al Significante. No hay simbolización del sexo de la Mujer en cuanto tal, y esto proviene del hecho que en un punto lo simbólico carece de material. Si en un punto lo simbólico carece de material, la investigación va a llevar adelante esta falla del Significante.

Así será llevado adelante este libro donde se puede leer de manera comprensible y coloquial la investigación de los trastornos sexuales que veremos desplegarse a través de sus páginas. La inclusión de casos clínicos airea el texto y nos permite arribar a una praxis donde desde el psicoanálisis se tratará de abarcar todo el espectro de modalidades con las que el ser humano intentará penetrar las incógnitas de la sexualidad. Su diversidad y su misteriosa manera de existir más allá de la procreación.

Norma Menassa

INTRODUCCIÓN A LA SEXUALIDAD HUMANA

EL AMOR: UN SENTIMIENTO DE LA ESPECIE

Los antiguos griegos representaron al dios Eros como un niño ciego, sordo, caprichoso y carente de piedad hasta con su propia madre. Las flechas de Eros fulminaban con la instantaneidad de un relámpago. Las lenguas inglesa y francesa dan cuenta de este efecto con las metáforas *to fall in love* y *tomber amoureux* ("caer enamorado"). En la mitología griega el amor aparece como una pasión, es decir, como una alteración de ánimo tan irracional como la ira, la envidia, la alegría, la tristeza o el odio.

Es en *El Banquete* de Platón, que se considera que aparece el primer mito del amor entre humanos. Allí se plantean dos posiciones radicalmente diferentes en el amor: la del amante (representada por Sócrates), que es una posición deseante, y la del amado (Alcibíades), que es una posición pasiva.

El amor es el sentimiento que permite la reproducción de la especie y la especie es más grande que el sujeto. El deseo es lo propiamente humano porque está ligado a la palabra.

La familia es una herencia animal, lo que nos enseñaron los animales, el amor es de proveniencia animal, es decir, de la especie. El hombre es un animal amoldado, reprimido, en el sentido de que es mortal. Padece, como un animal, de proceder de macho y hembra, que se acoplan, conforman una familia para preservar la especie, para cuidar al retoño y devolverlo a la civilización y que este, a su vez, forme otra familia y tenga hijos.

LA SEXUALIDAD HUMANA. SUS ETAPAS

En Psicoanálisis el concepto de sexualidad es más amplio que el manejado habitualmente. Lo sexual es todo aquello tocado por la palabra, en el humano todo, todos los verbos que puede ejercer. La sexualidad que propone el psicoanálisis es una sexualidad amplia, casi sin límites. Sexualidad que sostiene nuestro cuerpo y sus tendencias. Es la misma sexualidad la que sostiene y conduce el arte, la vida en general, el trabajo, la política, la investigación científica y todas las otras cuestiones del hombre, también la guerra y la paz.

La sexualidad actual padece de la moral victoriana, que llegó a pensar que la represión sexual producía más inteligencia, cuando desde Freud sabemos que la energía sexual proviene de otro lugar del sujeto que la energía del estudio, del trabajo o de las relaciones sociales.

La educación victoriana, que es la que todavía comanda nuestra educación y nuestra formación como profesionales, ha desvirtuado la vida del hombre imponiendo una represión brutal sobre las relaciones genitales basada en el pensamiento de que esa energía de la especie, ahorrada, mejoraba el comportamiento, hacía más fácil el conocimiento y facilitaba la creación artística. Por ese camino llegamos a la violencia familiar, al fracaso escolar, a la ignorancia de nuestros educadores y a una cultura represiva. Cuando bien se sabe que la sexualidad humana, y no la genitalidad animal, es lo que puede sublimar el hombre para amar, estudiar, escribir, investigar y cualquier otra manifestación artística o científica.

El que no puede gozar de lo genital es alguien que no puede gozar de nada porque lo genital es una imposición de la especie, si siendo una imposición de la especie, no puede con ello, ¿cómo va a hacer para gozar con la pintura que es una imposición de algunos pintores, o con la poesía que es la imposición de algunos poetas?

El goce no viene por el movimiento de los cuerpos, viene por la palabra. Los animales no gozan. Solo un humano puede decir "gocé como un cerdo".

Existe, por tanto, una clara diferencia entre sexualidad y genitalidad. La genitalidad es propia de todas las especies animales pero, en la especie animal que habla, la especie humana, la sexualidad es lo que hace obstáculo a la genitalidad, por eso que mientras en las demás especies la genitalidad está al servicio de la reproducción y nunca falla, en la especie humana no hay encuentro genital sino como encuentro fallido entre dos complejas sexualidades. En el sentido de que en el acto sexual, no hay una sexualidad compartida, a medias, sino que hay dos complejas sexualidades que se encuentran. No hay una relación igual para los dos. Cada uno de los miembros de la pareja tiene una relación con el otro que no tiene nada que ver con la que el otro tiene con él.

Tampoco la genitalidad es algo instintivo en los humanos. Con respecto a esta suposición falsa de que nacemos sabiendo cómo se desenvuelve uno en la relación sexual, hay un relato griego: Dafnis y Cloe, que nos muestra cómo los humanos no nacemos sabiendo amar, no es algo instintivo, es algo que se adquiere, que se aprende. En este relato, los jóvenes, Dafnis él y Cloe ella, se casan y duermen juntos pero, noche tras noche, no sucede nada entre ellos. Un día, una anciana le explica al joven lo que ha de hacer con su esposa. Ninguno de los dos lo sabía. Ninguno de nosotros lo sabía, todos lo hemos aprendido en el lenguaje. Nada es instintivo en el hombre, ni siquiera lo que parece más instintivo: la genitalidad.

EL COMPLEJO DE EDIPO Y LA SEXUALIDAD

La sexualidad humana no es algo natural, es algo que se constituye como inconsciente bajo el orden simbólico de la ley de Edipo, cuando se va aprendiendo que hay cuatro sexos (cuatro significantes que nos constituyen como sujetos): padre, madre, hombre y mujer. Cualquiera, independientemente de su sexo anatómico, puede ocupar esas funciones. La no aceptación de alguno de ellos se manifiesta como conflicto en las relaciones entre los sexos.

Para adquirir estos significantes, para producir todas estas funciones en uno, el niño lleva a cabo una investigación sexual infantil. Según las fases de su libido: fase oral, anal, fálica y genital, produce varias teorías sexuales infantiles, que intentan responder a la pregunta que comanda toda la investigación sexual infantil ¿de dónde vienen los niños?

En la fase oral, por ejemplo, el niño puede llegar a fantasear que el embarazo de la madre tiene algo que ver con la ingesta de alimentos o en la fase anal puede pensar que los niños son paridos por el ano. En estas teorías sexuales infantiles están basados muchos de los cuentos populares, *Caperucita roja,* por ejemplo, donde el lobo se come a la abuela y después "le abren la tripa" al animal y la sacan de allí, como representación del parto. Lo mismo sucede con *El lobo y las siete cabritillas* y otros cuentos.

Toda esta investigación sexual infantil es interrumpida por un periodo de latencia y se concluye en la pubertad, con el descubrimiento de la vagina y del coito. Es decir, la sexualidad humana se constituye en dos tiempos: la sexualidad infantil y la metamorfosis de la pubertad, separados por una etapa de latencia. En la primera fase se van a constituir el significante padre y el significante madre y, en la segunda fase, la metamorfosis de la pubertad, se constituyen el significante hombre y el significante mujer.

En la sexualidad infantil no existe aún la diferencia sexual, sino que todos los seres humanos tienen el mismo sexo: el sexo masculino. Frente a la percepción de los genitales femeninos, el niño piensa: "ya le crecerá" o "se lo han cortado por mala" o "no tiene porque es tonta". No puede pensar que hay otro sexo diferente del suyo. Sólo después de la pubertad se sabe que hay dos sexos. La inclusión de lo femenino es, por tanto, la inclusión de la diferencia. Y con la inclusión de la diferencia, llega también la mortalidad. Por provenir de macho y hembra y reproducirnos por sexuación somos una especie mortal. Podríamos decir que sin la inclusión de la diferencia y de la humana condición de mortal no hay pensamiento posible y accedemos a esa diferencia sexual, no por la vía de la percepción ni del conocimiento, sino por vía del significante y por medio de las pulsiones.

La sexualidad del adulto es la sexualidad infantil a condición de ser reprimida, es decir, de renunciar a los primeros objetos incestuosos. Esta misma sexualidad infantil en un adulto produce sintomatología.

La producción de los cuatro sexos (cuatro significantes: padre, madre, hombre, mujer) en cada sujeto tiene que ver con el complejo de Edipo y el complejo de castración.

El primer objeto amoroso es la madre, tanto para la niña como para el niño. Los dos pasan por varias etapas: se enamoran de la madre, se enamoran del padre, o de sus subrogados (la maestra, las hermanas o hermanos mayores). Es frecuente escuchar a los niños decir frases como ésta: "Cuando sea mayor me casaré con mamá".

Además de elegir al padre y a la madre como objetos eróticos, también se identifican con ellos, como se expresa en la frase: "Yo, cuando sea mayor quiero ser ingeniero como papá". Podemos decir que es en la familia donde se aprenden los primeros modelos de hombre, de mujer, de padre y de madre.

El niño es inicialmente pasivo con respecto a sus padres debido a su impotencia para valerse por sí solo. Es cuidado y acariciado, recibe órdenes de ellos y, en ocasiones, le ponen límites. Más adelante, el niño toma una posición activa, quiere dar a sus padres lo que ha recibido, acariciarlos, darles órdenes y "vengarse" de ellos. Las relaciones con ellos serán, entonces, tanto pasivas como activas: pasividad hacia el padre y la madre y actividad hacia ellos. De esta situación surge el complejo de Edipo.

Al principio, encuentra satisfacción en todas estas posiciones y no le perturba su incompatibilidad. Pero, poco a poco, se hace difícil para el pequeño conciliar su actividad hacia sus padres con su pasividad hacia ellos, ya sea porque la intensidad de sus deseos aumenta o porque surge una necesidad de sintetizar todas estas corrientes divergentes de la libido.

El amor por la madre encuentra un obstáculo en su camino: el padre. Desea entonces eliminarlo como obstáculo a la posesión de la madre; pero por otra parte su amor por él, su pasividad hacia el padre, hace que desee someterse a éste, hasta el punto de querer convertirse en una mujer, su propia madre, cuya posición respecto al padre desea ocupar. De esta fuente surge luego la identificación con la madre, que se vuelve un elemento permanente del inconsciente del niño. El deseo de desplazar al padre llega a ser irreconciliable con el deseo pasivo hacia él. Los deseos del niño están en conflicto. La solución de este complejo es el problema más difícil que afronta un ser humano en su desarrollo psíquico.

En el caso del varón la mayor dificultad radica en lo incompatible de su deseo de matar al padre con su igualmente ardiente deseo de someterse totalmente a él. Un medio de escape de este dilema es empleado por todos los varones: la identificación con el padre. El niño encuentra una salida que se acerca a la eliminación del padre sin llegar al asesinato: Se identifica con él. Así satisface a la vez tanto los deseos tiernos como los hostiles. No sólo expresa su amor y admiración por su padre sino que también lo elimina al incorporarlo en sí mismo, como si fuera un acto de canibalismo. Desde entonces él mismo es el padre admirado. Pero el niño no se identifica con el padre tal como es en la vida real, sino con un padre ideal lleno de poderes y virtudes y falto de cualquier debilidad o falta.

Esta identificación, que consideramos como normal, permite la conservación de la relación cariñosa con la madre y afirma la masculinidad del niño.

LA FEMINIDAD

Para la niña la madre es igualmente su primer objeto de amor que ha de abandonar para tomar como objeto al padre. En todas las niñas la relación con la madre pasa por una etapa de hostilidad, donde está en juego la envidia al pene (ya que la niña le reprocha a la madre haberla parido tan insuficientemente dotada, es decir, sin aparato genital masculino) que permite el abandono de la madre y la transición al padre como objeto amoroso, necesaria en la constitución de la feminidad. Después virará del padre al hombre, quedando así constituida su feminidad.

Pero estos primeros objetos están abocados a ser abandonados ya que la constitución de la sexualidad adulta requiere de la renuncia a ellos. La sexualidad adulta es, como decíamos, la sexualidad infantil a condición de ser reprimida. Hay que amar a los padres para poder sustituirlos. De hecho, cuando un adulto no sabe amar, tampoco supo amar a los padres. Aprender a amar y a gozar es muy complejo, es la madre la que enseña a amar y a gozar, tanto al niño como a la niña. El niño renuncia a la madre y gana para sí a la mujer, la niña renuncia al padre y gana para sí al hombre.

Ambos permanecen en adelante ligados a sus padres por sentimientos tiernos. Sólo el psicoanálisis puede demostrar que detrás de esta ternura, respeto y consideración se esconden las antiguas tendencias sexuales infantiles, que quedan conservadas con mayor o menor intensidad en lo inconsciente.

La represión de la sexualidad infantil, se sigue de un periodo de latencia, donde hay un aparente desinterés por lo sexual. Hacia los diez o los once años suelen llegar a los niños las primeras revelaciones sexuales, descubriendo la existencia de la vagina. A estas revelaciones se enlaza un nuevo impulso de la investigación sexual infantil que vuelve a despertar las huellas ya inconscientes de la primera etapa de interés sexual y que culmina con la metamorfosis de la pubertad.

La elección de objeto en la época de la pubertad tiene que renunciar a los objetos infantiles y comenzar de nuevo como corriente sensual. Esta elección de objeto es llevada a cabo, en principio, de manera imaginaria. En estas fantasías resurgen en todo humano las tendencias infantiles, del hijo hacia la madre y de la hija hacia el padre. Simultáneamente al vencimiento y repulsa de estas fantasías tiene lugar la liberación del sujeto de la autoridad de sus padres.

Cuanto más se parezca la pareja a la madre del sujeto, más rica será la corriente de libido que fluya hacia la relación; pero muchos impulsos hostiles instintivos, que tienden a destruir la relación, se aferran también a estas tendencias materno-filiales.

Tal vez sea una ley, o al menos es un fenómeno muy frecuente, que un ser humano dirija una considerable dosis de odio hacia la persona que ama con especial intensidad y una considerable dosis de amor hacia la persona que odia con particular intensidad. Uno u otro de estos impulsos instintivos antitéticos queda reprimido, totalmente o en parte, en el inconsciente. Llamamos a este hecho principio de ambivalencia.

Las frustraciones y desgracias de cualquier clase tienden a llevar de vuelta la libido hacia organizaciones previas: por ejemplo, desde las sublimaciones hacia los objetos originales de deseo.

Incluso nuestra elección de objeto amoroso, está determinada por el amor a estas primeras figuras parentales.

Hay dos formas de elección objetal (de elección del objeto amoroso): la anaclítica o de apoyo y la narcisista:

Anaclítica o de apoyo: En ella la libido fluye hacia alguna persona externa: la madre o el padre del niño o el hermano o hermana u otros subrogados. El objeto se valora por él mismo, por su propia personalidad, aunque se parezca muy poco a la del niño. A esta clase de elección objetal la llamamos amor del tipo "inclinación" o de apoyo (anaclítica) porque el niño primero "inclina" o "apoya" sus instintos sexuales sobre los de autoconservación y elige inicialmente como objeto amoroso a las mismas personas que satisfacen sus necesidades físicas (por ejemplo, el hambre).

Narcisista: en el tipo de elección objetal narcisista la libido del niño fluye hacia una persona externa que de algún modo se le parece. Ama la parte de sí mismo que ve en el objeto; no ama al objeto por las cualidades en que difiere de él sino sólo por las cualidades en que se le parece. Así, a través de un objeto se ama a sí mismo y su narcisismo encuentra por este rodeo una salida adicional.

Los sujetos implicados en relaciones amorosas padecen de "ilusiones" o ideales imposibles de alcanzar y fuente de las más grandes desilusiones. La ilusión del amor eterno, el ideal de un amor sin ambivalencia, el ideal de la estricta simetría o reciprocidad entre lo que doy y lo que recibo, la ilusión de la complementariedad (teoría de la media naranja, el alma gemela, etc.)

Las relaciones de pareja se complican cuando dos quieren ser uno (como el niño/a con la madre), cuando se busca la felicidad única, el orgasmo al unísono, cuando se le hace al otro lo que a uno le gusta que le hagan, cuando no se acepta que son dos y radicalmente diferentes. Para poder estar juntos, tienen que ser dos, abiertos, separados, sin sentimientos, ágiles y sin remordimientos, sin culpa.

Hemos dicho que accedemos a la diferencia sexual por vía significante y por medio de las pulsiones. Hemos podido ver como se constituyen los cuatro sexos (significantes padre, madre, hombre y mujer) por medio de las dos formas de enlace libidinal a un objeto: la identificación y la elección de objeto.

A continuación ahondaremos en la importancia de las pulsiones.

En la constitución de un sujeto se atraviesa por varias fases libidinales: oral, anal, fálica y genital, y la pulsión se descompone en pulsiones parciales: oral, anal, escópica e invocante, todo ello regulado por el falo.

En psicoanálisis, el falo es el pene que la madre no tiene, ya que en la etapa fálica de la constitución libidinal el niño atribuye falo a todo objeto animado o inanimado.

Primero el niño atribuye a la madre el falo, una totipotencia, ella es quien le salva la vida, quien le da el alimento. Después debe desatribuir el falo a la madre, lo que llamamos complejo de castración. En este proceso, primero querrá ser el falo, el deseo de la madre, y luego querrá tener el falo. Después se dará cuenta de que ni lo es ni lo tiene, sino que es el padre el que lo porta. Se ha producido la metáfora paterna, el deseo de la madre ha sido sustituido por el Nombre del Padre.

La niña parte de que "no tiene", ya está castrada, su síntoma tiene más que ver con: "Total, ¿para qué?, si no me crecerá", la decepción fálica. El niño parte de que "tiene", de que puede perder, de ahí el temor a la castración, que se puede ver en la clínica como un repudio al sexo femenino o generar perversiones del orden del fetichismo que, a fin de cuentas, niegan la diferencia sexual.

AMOR, GOCE, DESEO

Hay dos goces, un goce pequeño y un goce diferente, un goce por el cual hay que pagar algo y un goce por el cual no merece la pena pagar nada. Un goce fálico y un goce de la palabra, él está más en el goce fálico, ella está en los dos. Él teme perder el poder, él tiene goce fálico, es muy difícil que salga de ese circuito. Él tendría que perder un poco de aprecio por su pene y ella perder un poco de desprecio por su cuerpo. Como ella goza de cualquier manera, su problema es que goza demasiado.

La posición masculina y la femenina son dos posiciones diferentes frente al amor, al goce y al deseo. Él se entrega por ser deseado, entrega hasta sus principios más fundamentales con tal de ser deseado: "miénteme, dime que me deseas". Ella se entrega por ser amada, entrega hasta su vida con tal de ser amada: "miénteme, dime que me amas" ¿Cuántas veces tendrá que decirle un hombre a una mujer que la quiere para que ella consiga la libertad de desear? ¿Cuántas veces tendría que decirle una mujer a un hombre que lo desea para que él consiga la libertad de amar? Pero ninguno quiere liberar al otro de su esclavitud.

Cuando enferman, él padece trastornos del deseo, donde el amor hace obstáculo al deseo. Nos encontramos con impotencias sexuales, hombres que sólo son impotentes con las mujeres que aman y desean sólo a las que no aman, lo que se denomina: el "amor a la prostituta". También encontramos eyaculación precoz, que es una impotencia por sobreexcitación, donde el sujeto que lo padece se identifica con la mujer, con la idea de que el goce de la mujer es infinito, es decir, por temor al goce de la mujer.

Ella padece trastornos del amor, el deseo hace obstáculo al amor. La frigidez es más habitual de lo que se cree. Es porque ellas sacrifican su goce como deseantes por amor, para sentirse amadas. Un goce seguro, el de él, contra un goce temido, el de ella.

Ella desea sin tapujos, pero tiene problemas para amar, ella necesita ser amada, es como una necesidad. Y el hombre, a pesar del amor cortés (el amor "inventado" por los trovadores, donde la dama es objeto de amor, no sujeto deseante, ella se deja amar, no ama) y sus consecuencias, necesita que la mujer desee y a ella precisamente eso es lo que le cuesta, reconocer su deseo. Ella, pequeña Blancanieves, prefiere quedarse en el tálamo, que venga él, que la bese cariñosamente en la frente como el príncipe azul y ella se despierte.

La mujer no quiere ser responsable de su deseo y el hombre se hace cargo de deseos que no tiene, por eso que todo fracasa, no es que él desea porque tiene los deseos, él desea por compromiso, porque tiene que existir el deseo. No es que la mujer no desee, la mujer no quiere reconocer que desea, para ella es un ser inferior el que desea, no se sabe por qué, quizás porque reconocer su deseo la hace mortal.

Como ella goza con el goce de él..., pero para él no es así, la impotencia es mucho peor tolerada por él que la frigidez por ella. En la frigidez, todo el goce es el goce del otro. En la impotencia no hay goce. Hay mujeres que prefieren hacer parecer que gozan (fingir el orgasmo), a gozar pareciendo que son, puesto que ser hombre o ser mujer es una cuestión de apariencia.

Que la constitución de la sexualidad acontezca en torno al complejo de Edipo/complejo de castración, tiene sus consecuencias en la sexualidad adulta. El conocimiento de las relaciones sexuales de los padres, esa verdad de provenir de la sexualidad, sobredetermina la sexualidad adulta.

Así, para los hombres que necesitan denigrar su objeto amoroso (lo llamamos amor a la prostituta), éste no es más que un subrogado de la madre en un momento de la constitución sexual, cuando el niño descubre que su primer amor, su madre, "le es infiel" con su padre y realiza con él el mismo acto que otras mujeres hacen por dinero con otros hombres.

Esta denigración del objeto amoroso en el hombre, se podría corresponder en la mujer con la necesidad de mantener las relaciones amorosas en secreto. El deseo se mantiene mientras la relación tiene cierto carácter de ilícita o debe ser escondida, cuando sale a la luz, la mujer pierde todo deseo. Como ella tiene un "sexo oculto", lo oculta todo.

Esta prohibición tiene que ver con aquella que recaía sobre el amor de la niña por su padre. La mujer siempre tuvo genitalidad, pero siempre a escondidas. ¿Con quién hacían su genitalidad los hombres sino? Con mujeres. Una cosa es lo que se piensa y otra cosa es lo que se hace, la mujer en el hacer es bastante promiscua pero en el pensar, si se le dijera lo que hace, se escandalizaría, aunque no fuera mucho lo que hace.

Eso que ellas hacen ni se dan cuenta de que lo hacen, sólo en el diván se asombran de haber hecho. No quieren saber nada que les recuerde que son sexuadas, que son mortales. Después de épocas de grandes represiones sobre las manifestaciones sexuales viene el destape, pero enseguida se pasa, porque si no hay obstáculos, los hacemos, los producimos.

La sexualidad infantil forma parte de toda sexualidad, la sexualidad tiene que ser íntima, pero no clandestina o no sólo clandestina, tiene que formar parte de la compleja sexualidad humana.

Tendríamos que poder vaciar el término "sexualidad femenina" de contenido. La mujer puede tener cualquier sexualidad, puede tener cualquier genitalidad y puede no tenerla y eso también es su sexualidad.

Además lo que descubre Freud es que la sexualidad femenina no es una sexualidad complementaria a la sexualidad del hombre sino una sexualidad suplementaria, es un demás.

Freud nos dice que masculinidad y feminidad son dos construcciones teóricas de contenido incierto, para que no pensemos que una es de los hombres y otra de las mujeres. Hablamos de la sexualidad de la mujer porque al hombre se le permite tener sexualidad. Ellas mantienen una genitalidad algo perversa, no una gran sexualidad o varias relaciones, sino todo muy mediocre. Una cosa es la acción y otra cosa es el pensamiento, en el pensamiento son muy antiguas. La acción no es por su deseo, suele ser para dar placer, para complacer. Ahí se siente poderosa, pero ¿qué poder le dan?, ninguno, son esclavas. La mujer tiene que poder otras cosas, desear otros poderes.

Otra de las consecuencias de la constitución sexual es la teoría sádica del coito: El niño no conoce otro contacto corporal que el de las peleas con sus amiguitos, que le producen además cierta excitación sexual. Cuando escucha o presencia o fantasea las relaciones sexuales entre los padres, las concibe como una agresión: "papá pega a mamá". Cierta agresividad en la relación sexual adulta puede tener su origen en esta concepción.

Algunos de los maltratos familiares del hombre a la mujer también tienen profundas raíces inconscientes: "Él desprecia a la mujer porque supone que su madre ha gozado, y por eso le pega. Ella se deja despreciar porque supone que su madre ha gozado, y por eso recibe con elegancia cualquier castigo. Ninguno de los dos conoce nada del amor". (de *El sexo del amor* de Miguel Oscar Menassa).

Al niño le toca enamorarse de la madre de manera feliz y para siempre, lo que podríamos llamar un "amor eterno"; a la niña le toca un amor con la madre intenso pero un amor fatal, un amor que va a terminar, un amor que termina en odio. De ahí las continuas discusiones que se producen entre madre e hija.

Pero ella siempre anda en esa oscilación, entre amar como amó a su madre o amar como amó a su padre. Es más pacífico el amor al padre que el amor a la madre. Los amores que empiezan bien y terminan fatal, son amores al estilo materno. Si observamos a una pareja discutiendo, peleándose, se aprecia esto en lo que dicen: "¡Que no soy tu madre" No lo saben, pero lo saben.

A veces pasa que en las relaciones de pareja cuando ella ocupa el lugar de la madre no sólo lo ocupa para los hijos, sino también lo ocupa para el padre de sus hijos, esto quiere decir que es necesitada y amada, pero no puede ser deseada, no puede ocupar el lugar de causa del deseo de su pareja.

El hombre encuentra cómo satisfacer su demanda de amor en la relación con la mujer en tanto ella da lo que no tiene: erección. Ella desencadena la erección, luego él tiene que arreglárselas con ella. A veces es menos peligroso para el sujeto la detumescencia (por ello la eyaculación precoz) que conocer ese goce que lo hace mortal, porque sabemos que sexo y muerte llegan de la mano.

Todo esto acontece de manera particular y singular en cada ser humano, según lo que diga cada persona delante de un psicoanalista, pues los síntomas como los sueños no son sino hablados y sólo un psicoanalista sabe escuchar lo que se expresa de manera inconsciente.

IMPOTENCIA O DISFUNCIÓN ERÉCTIL

INTRODUCCIÓN

La primera descripción de impotencia se encontró en un papiro 2.000 años a.C. Se describían dos tipos de impotencia: la impotencia natural, en la que el hombre era incapaz de culminar el acto sexual y la impotencia sobrenatural, que ya era acción de los dioses. Posteriormente, Hipócrates describe la impotencia masculina en pacientes ricos de la ciudad y concluye que la causa estaba en relación con montar a caballo, factor de riesgo al que no estaban expuestos los pobres, que iban a pie.

Aristóteles decía que como los nervios del pene llevaban energía y espíritu para la erección, la erección era debida a una insuflación de aire, teoría que se mantiene hasta que en 1505 Leonardo da Vinci observa en el pene erecto de un ahorcado una acumulación de sangre. Da Vinci lo describe. Son descripciones que pasan desapercibidas hasta principios del siglo XX.

El Instituto Nacional de Salud de EEUU define la impotencia como la incapacidad de lograr o mantener una erección suficiente para una actividad sexual satisfactoria (la excitación sexual, la eyaculación y el orgasmo).

Se habla de impotencia cuando es una situación mantenida, un episodio aislado no se cataloga de impotencia. Es una situación muy frecuente, se calcula que puede llegar a afectar hasta el 50% de varones en algún momento de la vida, es una cantidad importante. Muchos hombres no admiten su impotencia y no acuden al médico por ella. Si bien se calcula que aproximadamente el

20% de la población masculina tiene impotencia, sólo el 10% consultan. En España hay un estudio entre 1998 y 1999, que muestra que el 12% de la población, entre 25 y 70 años, padecen de impotencia, en términos absolutos dos millones. Y en el mundo se calcula que unos 100 millones.

En la erección está en juego la vascularización y el sistema nervioso simpático, que es el que controla la reactividad vascular.

FISIOLOGÍA DE LA ERECCIÓN

La función sexual masculina normal requiere:

1) Una libido conservada.

2) La capacidad para lograr y mantener la erección del pene.

3) La eyaculación.

4) La detumescencia.

Las principales estructuras anatómicas del pene que participan en la función eréctil son los cuerpos cavernosos y el cuerpo esponjoso, que se sitúa alrededor de la uretra. Una cápsula conjuntiva, la túnica albugínea rodea cada uno de esos cuerpos. La estructura microscópica es una masa de músculo liso (trabécula), que contiene una red de vasos recubiertos de endotelio (espacios lagunares).

La tumescencia del pene que produce la erección se debe a un aumento del flujo sanguíneo en la red lagunar tras una relajación total de las arterias y del músculo liso de los cuerpos cavernosos, la compresión subsiguiente del músculo liso trabecular contra la túnica albugínea fibroelástica produce el cierre pasivo de las venas emisarias y la acumulación de sangre en los cuerpos. Si la erección es completa y el mecanismo valvular funciona correctamente, los cuerpos se transforman en cilindros no compresibles de los que no escapa la sangre.

El sistema nervioso central ejerce una influencia importante mediante la estimulación o el antagonismo de las vías medulares que median la función eréctil y la eyaculación.

Existen dos mecanismos básicos que pueden desencadenar disfunción eréctil:

1.- Incapacidad para iniciar la erección (causa psicógena, endocrina o neurógena).

2.- Incapacidad para almacenar un volumen de sangre suficiente en la red lagunar (disfunción venoclusiva).

Las causas de impotencia pueden ser orgánicas o psíquicas. En un 80% de los casos no se encuentra ninguna causa orgánica, son impotencias psíquicas, sobre todo en varones jóvenes.

CAUSAS ORGÁNICAS DE IMPOTENCIA

- La causa orgánica más frecuente es la vascular, en concreto la ateroesclerosis de los vasos del pene.

- Luego está la neurógena, por neuropatía periférica (en la diabetes y en el alcoholismo) o lesiones medulares.

- En tercer lugar las causas endocrinas: disminución de la producción de andrógenos en los hipogonadismos (aunque en pacientes en los que se ha hecho una castración testicular, se ha visto que a pesar de los niveles bajos de andrógenos, son capaces de tener una erección).

- Causas farmacológicas: los betabloqueantes que se usan para el tratamiento de la HTA, entre otros.

- Causas quirúrgicas: la cirugía de próstata, por ejemplo, por lesión de plexo nervioso generalmente.

Una vez descartadas las causas orgánicas, el resto de las impotencias (la gran mayoría), son psicógenas, además de que se está en general de acuerdo en que en toda impotencia hay un componente psíquico, aun cuando coexisten con una causa orgánica.

La diferencia entre la impotencia psicógena y la orgánica es que en la psicógena se conserva la erección nocturna o matutina independiente de la anticipación al acto sexual. También es típico de la impotencia psíquica que no se produzca con todos los objetos sexuales, un hombre que es impotente frente a una mujer y no lo es frente a otra, no tiene una impotencia orgánica.

IMPOTENCIA PSÍQUICA

La función sexual se halla sometida a muy diversas perturbaciones, que en su mayoría presentan el carácter de simples inhibiciones. Estas se reúnen bajo el concepto de impotencia psíquica. La realización de la función sexual normal supone un curso previo muy complejo y la perturbación puede instaurarse en cualquier punto del mismo. Los síntomas principales de la inhibición del hombre son:

1.- La desviación de la libido al principio del proceso (displacer psíquico).

2.- La falta de la preparación física indispensable (falta de erección).

3.- La abreviación del acto sexual (la eyaculación precoz).

4.- La interrupción del mismo antes de su desenlace natural (falta de eyaculación).

5.- La falta del efecto psíquico, falta de la sensación de placer del orgasmo.

La primera, que es la desviación de la libido al principio del proceso, Freud, en su artículo Inhibición, síntoma y angustia, la marca como una desviación, no es que haya falta de deseo, no puede haberla. El deseo no puede faltar, puede ser desviado.

La impotencia es un síntoma, no una enfermedad, puede responder a múltiples estructuras psíquicas. Según esto habría varios tipos de impotencia psicógena o psíquica:

1.- Perversa.

2.- En relación a la angustia.

3.- Histérica.

4.- Obsesiva.

5.- Por la exigencia de una condición especial de objeto:

a) necesidad de degradación del objeto sexual.

b) perjuicio del tercero.

6.- Depresiva.

1.- **Perversa**: La impotencia puede tener que ver con el enlace de la función con condiciones especiales de naturaleza perversa o fetichista (él es impotente, no es capaz de tener erección, si ella no lleva, por ejemplo, bragas rojas. Necesita de una condición para tener potencia). Con respecto este tipo de impotencia, hay un subgrupo de individuos que sólo encuentran su satisfacción sexual en la masturbación simultánea a fantasías masoquistas (onanista masoquista) o que han logrado acoplar el masoquismo y la actividad genital en forma tal, que, dada una situación masoquista, consiguen la erección y la eyaculación, o quedan capacitados para realizar el coito normal. Entre estos casos hay alguno, en el que la actividad masoquista queda perturbada por la emergencia de representaciones obsesivas intolerablemente intensas.

El onanista masoquista se descubre totalmente impotente cuando intenta alguna vez el coito con una mujer y aquellos otros que han podido realizarlo durante un tiempo más o menos largo con ayuda de una representación o una situación masoquista, pueden comprobar de pronto que esta cómoda alianza les falla por completo, pues los genitales no reaccionan ya al estímulo masoquista. Se trata de casos de lo que llamamos masoquismo femenino, aunque lo sufra el hombre, ya que éste se ve en situaciones típicamente femeninas como "soportar pasivamente el coito en posición femenina" o parir, etc. Estas fantasías están sustentadas en una posición pasiva frente al padre, la fantasía inconsciente que está en juego es la de ser pegado por el padre (equivalente a ser amado por él en el "lenguaje masoquista").

2.- **En relación a la angustia**: Algunas impotencias son evidentemente renuncias a la función a causa de que durante su realización surgiría angustia. Esta angustia puede estar en relación con fantasías específicas, como la de la "vagina dentada". El sujeto teme que si se produce la penetración, va a perder el pene. A veces, en estos pacientes, el temor a la castración, se puede presentar de manera desplazada, como temor a perder a la mujer. De hecho, el hombre por su posición frente al complejo de castración, en tanto parte de que él tiene (falo), sus padecimientos tienen que ver en general con el temor a perder: riquezas, poder, amores…

3.- En la **histeria** es frecuente el miedo angustioso directo a la función sexual, del mismo modo que el síntoma defensivo de la repugnancia. Algunas pacientes histéricas apoyan su repugnancia al acto sexual en la cercanía con los órganos de la micción, y así dicen que el partenaire "huele a orina", por ejemplo, para rechazar el contacto sexual.

4.- **Obsesiva**: También gran número de actos obsesivos demuestran ser prevenciones y aseguramientos contra experiencias sexuales, siendo, por tanto, de naturaleza fóbica, es decir, evitativa. Por ejemplo, antes del acto sexual va al baño y aseándose emplea tanto tiempo que el partenaire se queda dormido.

5.- **Existencia de una condición especial del objeto**. Algunas de las condiciones asociadas al coito que pueden conducir a la impotencia son:

a) **La necesidad de degradación del objeto sexual**. Son sujetos en los que se observa una disociación de las corrientes tierna y sensual de la libido, de tal manera que son impotentes con las mujeres a las que aman tiernamente y potentes con objetos sexuales degradados, por los que sienten una intensa atracción sexual pero son incapaces de amarlos.

b) También hay sujetos que sólo son potentes con mujeres que están comprometidas con otro hombre, es lo que se ha dado en llamar el **perjuicio del tercero**. Tiene que estar presente esta condición para que se muestren en toda su potencia sexual. Lo que está en juego en estos sujetos es una cuestión incestuosa, porque la madre es la mujer del padre, desean a la mujer de otro hombre, a la mujer del padre, su madre. El perjudicado siempre es el padre. Son hombres a los que mujeres que no les resultan del mínimo interés cuando están solteras, se les tornan interesantes cuando se comprometen con otro hombre.

6.- También podemos pensar en la existencia de impotencia en relación con otros cuadros clínicos, como la **depresión**, en el deprimido hay una inhibición de todas las funciones, entre ellas la sexual, secundaria al empobrecimiento libidinal que provoca la fijación de la libido en relación con la pérdida de objeto. El paciente deprimido sufre de anestesia somática, podríamos decir que no tiene cuerpo o, al menos, no goza de su cuerpo, todo es mental en él. Requiere atención afectiva, pero rechaza las caricias y el contacto sexual.

Estas posiciones psíquicas no son excluyentes, pueden darse varias en un mismo sujeto.

En toda impotencia, además, está en juego para quién es el síntoma, a quién se le ofrece como ofrenda, quién es su destinatario. En este caso el perjudicado es la pareja sexual, está por tanto en juego la intención inconsciente de molestar al partenaire sexual. Esto es muy claro en el melancólico, que por vengarse del objeto perdido introyectado en su yo, es capaz de mutilarse para privar del goce al otro.

En la impotencia masculina no se produce el goce que sí se da en la frigidez, ya que Ella goza en posición objetal, del goce del varón, del goce del otro, y puede por tanto prescindir del goce en posición activa, de su propio goce. Sin embargo, en el caso del varón, la pérdida del goce activo es la pérdida del goce, por eso la impotencia en el hombre es mucho peor tolerada que la frigidez en la mujer.

La impotencia en la esfera genital puede ir acompañada de otras impotencias: imposibilidad de trabajar, de amar, etc.

ABORDAJE PSICOANALÍTICO. UN CASO CLÍNICO DE IMPOTENCIA.

Se trata de un caso clínico presentado en el seno del Seminario de Medicina Psicosomática de la Escuela de Psicoanálisis Grupo Cero. Se adjunta el caso y la discusión posterior por algunos de los psicoanalistas integrantes del Seminario.

Caso clínico:

Paciente varón de 25 años, que es derivado por un médico conocido de su familia. Un médico especialista de un gran hospital. El médico llama al psicoanalista y le avisa que va a llamar un paciente por recomendación suya. El paciente llama unos 5 meses después de la indicación médica.

Cuando llega a la consulta y comenta su edad llama la atención el aspecto aniñado, parece mucho más joven de 25 años y la voz casi femenina. Relata que tuvo una novia hace unos meses, pero que ella le dejó por su impotencia. Trabajaban en la misma empresa y tuvo que dejar el trabajo porque no toleraba verla todos los días. Desde hacía 4 meses no trabajaba, solo algún trabajo esporádico.

Durante los primeros meses de análisis, comienza a trabajar en un trabajo más estable, donde recibe constantes felicitaciones del jefe y le van otorgando cada vez más responsabilidad. Así mismo, lo reclaman para otros trabajos relacionados con su profesión.

Se anota a una autoescuela, que era algo que llevaba años queriendo hacer y se apunta en un gimnasio (había abandonado toda actividad física desde que terminó la relación con la chica).

En la primera sesión, el paciente dice:

"No tengo padre, tengo dos madres: mi abuela y mi madre. Mi padre, es curioso, porque tengo una memoria portentosa, recuerdo fechas, días, detalles incluso de muebles y ropa de hace muchos años y, sin embargo, no puedo recordar nada de esa historia. No le he visto ni en foto. Mi madre dice que estuvo viviendo con él en otra ciudad cuando yo tenía 4 años, conocí a mis abuelos "paternales" (se suele decir paternos, llama la atención el uso de este adjetivo).

Mi abuela dice que mi padre era un cabrón, supongo que debió de abandonar a mi madre. Ella duda ahora de que esté vivo o de que esté viviendo en España. Yo lo que sé de él es que ella decía que era un hombre guapo y fuerte, pero todo el mundo habla bien de lo que tiene en su casa. Su hijo es el más guapo, su marido también.

En mi DNI hay un nombre que no corresponde al suyo, y yo sé que ella me ha hablado del tema, pero he olvidado su nombre. El hecho es que nunca me ha dado por lanzarme y decir: yo quiero conocer a mi padre. Tengo dos hermanos mayores 8 y 10 años más que yo, me adoraban cuando era pequeño, no les he vuelto a ver nunca más. Cuando me preguntan, digo que soy hijo único, no por mentir, porque me sale así. No sé si el no tener una figura paterna influye en lo que me pasa".

En sesiones posteriores, dice, respecto a la relación con su madre:

"Yo dependo totalmente de mi madre. Vivo con ella y con mi abuela, tengo dos madres. Yo soy muy eficaz en mi trabajo pero, en casa, un inútil total, mi madre nunca me dejó hacer nada. Siempre fui un niño sobreprotegido, cuando salía alguna escena sexual en la tele, cambiaban de canal. Recuerdo que mi madre me decía que tenía que lavarme el pene y yo me lo lavaba, pero era una sensación muy desagradable. En el instituto me pusieron un vídeo sobre educación sexual, y me desmayé".

La psicoanalista le señala que quizás le impresiona lo sexual, a lo que responde: "Yo creía que era por el calor, por hambre, pero sí, quizás fuese porque me impresiona lo sexual. La primera vez que fui a casa de C. (su antigua novia), me tomé una pastilla de Viagra, y en el metro me empecé a marear, y creía que me desmayaría (también todo él se pone "flácido", como si todo él fuera su miembro viril). Nunca había llegado tan lejos con ninguna chica, besos, toqueteos, pero cuando la cosa se ponía fea, me las arreglaba para escabullirme".

Añade también que cuando sale fuera de casa unos días, siente la necesidad imperiosa de volver, no se encuentra a gusto fuera y llama todos los días a su madre, a veces en varias ocasiones al día.

Padece una alergia. Con respecto a su alergia relata, a mediados de Febrero:

"Me pone contento el hecho de que haga sol, aunque la primavera para mí es un rollo por el tema de la alergia. Tengo alergia al polen, a los gatos, al pelo de conejo y al papel (realiza un trabajo en el que es constante el contacto con papel).

Normalmente tengo conjuntivitis, pero un día, mi tío nos dejó un conejo en casa. Y yo me puse fatal con el conejo, llegué, dejé la ropa en la habitación, y por el conejo, me puse fatal, empecé con pitos, me ahogaba, tuve que ir a Urgencias del Hospital. Ahora llevo 15 años que estoy vacunándome. Los alergólogos están alucinados, con lo de la alergia al conejo, no debe ser muy frecuente".

El psicoanalista le indica que ya sabrá que el conejo es una manera de nombrar a los genitales femeninos. Dice que sí. En el trabajo se le ocurrió decir que tenía alergia al conejo, porque pidió el día para hacerse unas pruebas de alergia, y todavía están haciendo chistes con eso, "pero ¿no me diga que eso tiene algo que ver con lo que me pasa?".

"Lo de la alergia, me acuerdo desde pequeño, con el Dr. X (el que lo deriva), cuando me ponían los parches, se me hinchaba todo".

Desde esa sesión, donde el paciente acudió con claros signos de conjuntivitis y tos, no ha vuelto a presentar estos signos y no ha hecho más referencias a la alergia.

Con respecto a la impotencia, por varias asociaciones del paciente ("no consigo erección ni con Viagra, algunas veces, una mínima erección" "así nunca podré tener hijos") se le interpreta que parece que teme dejar embarazada a alguna chica y luego desaparecer, como su padre dejó embarazada a su madre y luego desapareció. Así, impotente, no puede provocar ningún embarazo.

El paciente responde: "Eso es imposible, cómo voy a dejar embarazada a una chica si no se me pone dura. Y además, cada vez la tengo más pequeña, de no usarla".

Su madre tiene un novio al que no puede ni ver, y al que le hace constantes escenas de celos (el paciente al novio de su madre).

El paciente conoce a una chica por internet de los Países del Este, después de mucho conversar, ella decide viajar a Madrid. Cuando ella llega, él se entera de que ha pasado antes por Sevilla, y mirando su Messenger, de que tiene allí un novio, él entiende que es todo una trama para viajar a España y alojarse en su casa, tiene una profunda decepción y se muere de celos, pero la situación parece excitarle visiblemente. En un momento en que los dos están conversando sobre la cama de él, ella está muy cerca, chequeando su correo en el ordenador, él hace un gesto de acercamiento y ella le rechaza. Ahí, por primera vez desde hace mucho tiempo, tiene una erección, justo cuando la chica le está diciendo que no.

Discusión del caso:

Dra. Pilar Rojas: Cuando tiene la erección, ella está con otro (contestando el correo), los celos le resultan excitantes.

Psicoanalista Amelia Díez: Es un soldado de la madre, se queda con ella para defenderla. Es impotente para permanecer con la madre.

Dra. Alejandra Menassa: Cada caso de impotencia es singular. Hay otro paciente que tiene fantasía de vagina dentada. Cree que si "la mete ahí" no sale. Tiene una cosa con la madre y las hermanas. La madre está en el pueblo, él vive en Madrid, pero se iba al pueblo en cuando tenía un minuto libre. Ahora dice: "llevo un mes y medio sin ir al pueblo", y se sorprende. Le cuenta todo a una hermana que tiene, que es psicóloga. Cuando va al pueblo, él es el marido de la madre, pasean juntos, se cruzan con algún matrimonio y él dice que "los miran raro". El padre falleció, era el que quería que estudiara. En contra del padre, no estudiaba. La madre quiere que ponga un negocio de ingeniería en el pueblo. Ahora empieza a tener padre. Es un ingeniero técnico y quiere sacarse el grado superior. Les tiene terror a las mujeres.

Psicoanalista Amelia Díez: Pero terror porque le separan de las mujeres de la familia.

Dra. Alejandra Menassa: Así es.

Psicoanalista Amelia Díez: Es decir, que algunas de las causas de infertilidad son psíquicas.

Dra. Alejandra Menassa: Sí, también. En el caso que hemos presentado, el de la alergia al pelo de conejo, es muy claro que la impotencia tiene que ver con evitar tener hijos, con la evitación de la procreación.

Psicoanalista Amelia Díez: La impotencia es para defenderse de las mujeres.

Dra. Alejandra Menassa: Lo de permanecer virgen también es curioso, este chico tiene como una repugnancia a lo sexual.

Dra. Pilar Rojas: Atendí un paciente que cuando se murió la madre, comenzó a ser impotente con la mujer. Con otras mujeres puede, tiene relaciones esporádicas con otra persona que le gusta mucho y no tiene ningún problema.

Psicoanalista Amelia Díez: No quiere aceptar que murió la madre. Sigue viva la madre. Son casos muy diferentes, aunque parezca el mismo síntoma.

No es para decírselo al paciente, como el psicoanalista ya lo sabe, lo va a escuchar diferente, ya se lo dirá en otro momento, en otra frase. No hace falta interpretarlo justo en la realidad de esas frases. No hay que aplicar el psicoanálisis, hay que formarse en psicoanálisis y luego "dejarse trabajar". Si no, conviertes el psicoanálisis en psiquiatría.

Dra. Pilar Rojas: Sería como pensar que en psicoanálisis se trata de hacer consciente lo inconsciente y no se trata de eso.

Dra. Alejandra Menassa: No son sólo las frases, las que transforman al paciente, es el establecimiento del pacto analítico. No es que el psicoanalista diga una frase u otra. Pensaba en un caso de infertilidad, que ella se queda embarazada cuando lleva unos seis meses viniendo a la consulta, es la entrada de un tercero, que separa, porque antes eran uno, ahora son dos esa pareja.

EYACULACIÓN PRECOZ

INTRODUCCIÓN

La función sexual se halla sometida a muy diversas perturbaciones, que en su mayoría presentan el carácter de simples inhibiciones. Una de estas perturbaciones es la abreviación del acto sexual (la eyaculación precoz).

La Sociedad Internacional de Medicina Sexual (International Society for Sexual Medicine, ISSM) incluye en la definición de la Eyaculación precoz los siguientes puntos:

1.-La eyaculación precoz es una disfunción sexual masculina que se caracteriza por la eyaculación que siempre o casi siempre se produce antes o dentro del minuto posterior a la penetración vaginal.

2.-Incapacidad de retrasar la eyaculación en todas o casi todas las penetraciones vaginales.

3.-Consecuencias negativas personales como ansiedad, molestias, frustración y/o la evitación de la intimidad sexual.

Según el DSM IV-r, la característica esencial de la eyaculación precoz consiste en:

- Criterio A: Aparición de un orgasmo y eyaculación persistente o recurrente en respuesta a una estimulación sexual mínima antes, durante o poco tiempo después de la penetración y antes de que la persona lo desee.

- Criterio B: La alteración provoca malestar acusado o dificultad en las relaciones interpersonales.

- Criterio C: No es debida exclusivamente a los efectos directos de una sustancia.

La eyaculación precoz no se incluía dentro de las disfunciones sexuales del hombre, este padecimiento empezó a considerarse disfunción sexual a partir de los años 60. Aunque ya el Kamasutra, el manual sexual indio del siglo cuarto, declara: "Las mujeres aman al hombre cuya energía sexual dura mucho tiempo, pero se resienten de un hombre cuya energía termina rápidamente, porque se detiene antes de llegar a un clímax".

Alfred Kinsey, autor del famoso informe de 1948 sobre trastornos sexuales, no consideró la eyaculación precoz un problema, ya que la concibió como un signo de vigor masculino.

La eyaculación precoz, como cualquiera de los trastornos sexuales, puede ser ocasional, con una pareja determinada, en un sujeto que por otra parte tiene una vida sexual normal, es decir, de manera circunstancial, o puede aparecer en todos los encuentros sexuales del sujeto y puede presentarse desde el inicio (eyaculación precoz primaria) o en un sujeto que ha tenido una eyaculación normal previamente (eyaculación precoz secundaria).

Para algunos autores es el trastorno sexual más frecuente en los hombres, incluso más que la impotencia. Puede llegar a afectar hasta el 40% de los hombres.

FISIOLOGÍA DE LA EYACULACIÓN

Una vez conseguida y mantenida la erección hasta llegar al clímax, el sistema nervioso simpático estimula la eyaculación induciendo la contracción del epidídimo, los vasos deferentes, las vesículas seminales y la próstata, que determina que el líquido seminal entre en la uretra. La emisión del líquido seminal se sigue de contracciones rítmicas de los músculos bulbocavernosos e isquiocavernosos y conduce a la eyaculación.

Según la concepción médica del proceso de eyaculación, en condiciones normales, durante la relación sexual la excitación en el hombre aumenta progresivamente hasta la fase llamada de "meseta", disfrutando de su placer sexual hasta el momento en que de forma voluntaria (de forma voluntaria quiere decir con el control de la corteza cerebral) llega al clímax (orgasmo y eyaculación). El eyaculador precoz no puede permanecer en la fase de "meseta", sino que existe una excitación rápida y una eyaculación involuntaria y temprana.

La etiología puede ser, al igual que en la impotencia, orgánica o psicógena, siendo esta última la más frecuente, para algunos autores hasta un 99%.

CAUSAS ORGÁNICAS

Las causas orgánicas consisten en afecciones de la uretra y próstata y todas aquellas enfermedades del sistema nervioso en las que se alteran los mecanismos reflejos de la eyaculación, alteraciones vasculares, ciertos fármacos como los antidepresivos, antihipertensivos, estimulantes y antigripales que contengan pseudoefedrina.

CAUSAS PSÍQUICAS

Para el psicoanálisis lo que se considera la prueba del deseo, la presencia de la erección, en realidad es una cuestión de goce, no de deseo. En los síntomas sexuales está más en juego el goce que el deseo.

Lo que llamamos eyaculación precoz quizás haríamos mejor en llamarlo "detumescencia precoz". La función de la detumescencia (la pérdida de erección) interrumpe el goce, en tanto que el goce pone al sujeto frente a la castración. Solo goza un sujeto mortal. Alguien que acepta la castración, que acepta la diferencia sexual, que somos una especie que por provenir de la reproducción sexual, es mortal. La detumescencia puede ser reducida, entonces, a una función de protección como un mal menor contra un mal temido que llamamos goce o castración; a partir de ahí cuanto más pequeño es el mal más se reduce, más perfecta es la evasión. Es por temor al goce que se produce una interrupción prematura del acto sexual.

La medicina ya señala que el eyaculador precoz está sobreexcitado. Desde este punto de vista, se podría decir que en realidad, es un eyaculador tardío. Se excita, o bien por fantasías sexuales, o bien a la vista de otras mujeres, unas cuantas horas antes del acto sexual y eyacula unas horas después, al encontrarse con su pareja.

Desde el psicoanálisis tendríamos que matizar esta concepción médica de la fisiología de la eyaculación, o al menos sumarle alguna precisión más. Las funciones fisiológicas, entre ellas la eyaculación se realizan con normalidad cuando el sujeto no quiere intervenir en ellas.

El eyaculador precoz transforma en involuntario un acto voluntario, es decir, más que eyacular, "se le escapa", como de niño se le escapaba la orina. Recordemos que el conducto de la uretra comparte funciones de micción y eyaculación.

La emisión de orina, si bien se realiza bajo la presión de estímulos que no pueden ser resistidos, el niño en el control de esfínteres termina aprendiendo a elegir el momento y el lugar para orinar y hasta cierto punto podemos decir que lo mismo sucede con la eyaculación en el adulto.

La eyaculación precoz, en cambio, se presenta de forma independiente de la capacidad de elegir, ya que cuando el sujeto intenta realizar un acto sexual se encuentra con una emisión prematura de semen acompañada en general de un gran sentimiento de vergüenza y ansiedad.

Podríamos pensar que la eyaculación precoz está en relación con la erotización de la función uretral, podría parecerse más a una micción, pero de aquellas cuando niños, cuando el pis "se escapaba" que a una eyaculación adulta.

En la historia de estos pacientes pueden existir recuerdos de un intenso placer en relación con la micción en la infancia e incluso dificultades en el control de esfínteres e historia de enuresis.

En los niños orinar delante de la persona amada es un intento de seducción. El niño no orina sino sobre aquel que ama. El narcisismo infantil del niño sobre su propio cuerpo, el aprecio que le tiene, es extendido también a sus productos: la orina, las heces…, de tal manera que el pis es un regalo que el niño le hace a la madre y es únicamente bajo la égida del amor hacia ella que el niño va a controlar los esfínteres, porque la madre se lo pide. Es de todos conocidos que la excitación sexual se acompaña, a veces, de ganas de orinar.

Hallamos en estos pacientes con eyaculación precoz, desde el punto de vista clínico, una gran ambición que no se acompaña de idéntica capacidad de trabajo. Esta relación entre la ambición y la micción, está reflejada en ciertas expresiones del lenguaje, como por ejemplo, haciendo referencia a alguien al que se observa muy ambicioso, pero no se espera que vaya alcanzar lo que se propone, la frase: "Apunta más alto de lo que puede mear". La ambición no es ni mala ni buena en sí, pero puesta en lo social produce distintos logros que puesta en el síntoma. Podríamos decir que la del eyaculador precoz que es una "ambición fuera de lugar", o bien una ambición sin la correspondiente capacidad de trabajo.

Podemos pensar que el eyaculador precoz, no está con la chica, se masturba, en el sentido de que no se ocupa lo más mínimo del goce de ella. Son sujetos marcadamente narcisistas de manera tal que su objeto de amor son ellos mismos, padecen de una alta estimación de su pene, al mismo tiempo que un gran temor a perderlo. Podríamos decir que ambos sexos se beneficiarían de que la mujer ganara un poco de aprecio por su cuerpo y el hombre perdiera un poco de aprecio por su pene.

Para que el pene funcione el hombre no tiene que creer que le pertenece, que es suyo, si cree que es suyo no funciona. En realidad es la mujer quien le da el pene al varón y él el que le da a ella la vagina, en el sentido de que cada uno goza de su propio cuerpo pero por intermedio del cuerpo del otro.

La eyaculación precoz también se puede pensar afectando no únicamente a la función sexual (genital), sino extendiéndose a otras áreas de la vida del sujeto, por ejemplo, son sujetos que siempre llegan a los lugares antes de lo acordado, que se van antes de que termine la actividad que están realizando, etc.

No todos los eyaculadores en la realidad son eyaculadores precoces en sus relaciones sexuales, pero los que son eyaculadores precoces en estas relaciones generalmente lo son también en sus relaciones sociales.

En el eyaculador precoz también puede estar en juego una cuestión con la reproducción. Su temor a embarazar a la mujer o a las enfermedades infectocontagiosas, hacen que quieran "salir rápido". Aunque desde el punto de vista psicoanalítico, estos dos temores: embarazo y contagio, encubren en realidad el verdadero temor inconsciente, que es el temor a la castración. Este temor, va acompañado en muchos casos de rechazo y repugnancia hacia la visión de los genitales femeninos, que le recuerdan al sujeto la posibilidad de perder su propio miembro.

Este temor a la castración aparece explícitamente representado en la fantasía de la vagina dentada. El sujeto acomete la penetración en un estado de angustia y se retira lo más rápidamente posible tras haber eyaculado prematuramente por temor a ser mordido.

Ya habíamos dicho que los síntomas sexuales están como "dedicados" al partenaire sexual. Por eso, en la eyaculación precoz, también puede estar en juego una envidia al goce femenino. Si él termina rápido, ella no goza o goza menos. Esto en ocasiones se produce como respuesta al goce femenino, es una suerte de egoísmo: él no se le quiere dar a ella (ese goce en el que sabe que él participa), pero al no querer dárselo a ella, se escatima a sí mismo su propio goce.

Este síntoma de la eyaculación precoz aparece ligado a características de la personalidad que se agrupan en dos vertientes. Por un lado hombres inertes, pasivos, sin energía, y por otro lado, hombres hipervivaces, que parecen vivir en un perpetuo estado de prisa y realizan toda actividad de un modo apresurado y precipitado. Como si quisieran ya "pasar a lo siguiente", estar en la siguiente escena.

Estos dos grupos tan marcados de pacientes, nos hacen pensar en la estructura de las neurosis actuales, son neurosis cuyos síntomas están mediados por el Sistema Nervioso Autónomo, que regula las funciones fisiológicas internas. Dentro de las neurosis actuales podemos distinguir la neurastenia y la neurosis de angustia. La neurastenia estaría mediada por el Sistema Nervioso Autónomo Parasimpático, que en general, posee funciones inhibitorias, mientras que la neurosis de angustia está mediada por el Sistema Nervioso Autónomo Simpático, cuya función es excitatoria. Los "apresurados" serían neuróticos de angustia, mientras que los "cansados" serían los neurasténicos.

Hay aún una tercera forma en la que el varón se identifica con el otro sexo, con la mujer, eyacula a la misma velocidad que ella es capaz de tener un orgasmo. La identificación al otro sexo, nos hace pensar en la estructura histérica.

Podemos plantear pues una clasificación de la eyaculación precoz según la estructura que la sustenta:

1.- Eyaculación precoz en relación a las neurosis de transferencia: Histeria.

Donde el eyaculador precoz se identifica con su partenaire, se pone en una posición femenina, como ella, llega al orgasmo rápidamente.

También observamos que, como los histéricos, padecen de reminiscencias, recordando reiteradamente aquellas situaciones sexuales donde consideran haber fracasado cada vez que se enfrentan a un nuevo encuentro sexual.

2.- Eyaculación precoz en relación con las neurosis actuales:

Algunos casos de eyaculación precoz se caracterizan por una identificación con la función. Es decir, lo que debería seguir libremente su curso, en este caso la eyaculación, es interrumpido por el sujeto, como si él mismo fuera la función.

En realidad, no es por una falta de control, como se piensa desde la medicina que sucede la eyaculación precoz, sino por un exceso de control, por querer controlar algo que solo se produce normalmente cuando se renuncia a su control consciente. Este exceso de control es característico de las neurosis actuales.

a. Neurosis de angustia

Son sujetos especialmente sexuales. El paciente que padece de eyaculación precoz, está sobreexcitado, incluso se describe en algunos pacientes una hipersensibilidad del glande. Otra de sus características es la expectación angustiosa en relación al acto sexual, es decir, una serie de ideas de fracaso que preceden al acto: "¿podré?, ¿tendré erección?, ¿duraré lo suficiente?, seguro que no puedo, seguro que eyaculo en seguida, seguro que no tengo erección...".

Están en un lugar pensando en la siguiente tarea que toca realizar, es decir, nunca están donde aparentan estar. Esto es debido a que quieren conocer el futuro, no toleran la incertidumbre. No es otra cosa la angustia, ese llenar el agujero del futuro con cualquier representación, aunque sea catastrófica, con tal de saber cuál será el resultado, conocer el futuro, eliminar la incertidumbre.

El paciente neurótico de angustia, identificado con la función, la interrumpe en lugar de dejarla librada a su curso. Podríamos decir que es como un coitus interruptus no intencionado. Por otra parte, esta práctica sexual del coitus interruptus es muy característica de la genitalidad de estos pacientes, volvemos a la cuestión del control de la función, ellos deciden cuando interrumpir.

b. Neurasténica

Son sujetos que lo único que quieren es terminar. No toleran el goce, todo estímulo somático es altamente excitante para ellos, por otro lado, no toleran la acumulación de la tensión y se ven impelidos a cancelar esa excitación. Generalmente lo hacen mediante la masturbación. Esta imposibilidad de tolerar la acumulación de excitación los lleva a no disponer de energía para acometer los actos diarios de la vida, están constantemente cansados, como su nombre indica (astenia significa cansancio). Cuando se trata del acto sexual les sucede lo mismo, no toleran la acumulación de excitación mínima y eso los lleva a eyacular precozmente. Suelen padecer también de impotencia o de erecciones incompletas.

ABORDAJE PSICOANALÍTICO.
UN CASO CLÍNICO DE EYACULACIÓN PRECOZ

Debemos aclarar que para el psicoanálisis la eyaculación precoz es un síntoma, no una enfermedad en sí misma. Como hemos visto, puedo estar sustentado por distintas estructuras psíquicas. Entonces, no se trata de dar indicaciones mecánicas al paciente para que controle la eyaculación, eso es reforzarle el síntoma, puesto que padece, como vimos, de un exceso de control y no de una falta de control.

En psicoanálisis no se tratan los síntomas, sino al sujeto. Si la estructura que está en juego es una neurosis actual, por ejemplo, una neurosis de angustia, que se caracteriza por la imposibilidad de elaborar los estímulos somáticos por vía psíquica, de tal manera que los elabora por vía somática, el proceso analítico consistirá en enseñarle a hablar, a pensar. Para él pensar es doloroso, todo lo resuelve somáticamente. Cuando aprenda a hablar, no necesitará de la elaboración somática en forma de síntomas: taquicardia, taquipnea, eyaculación precoz…

Con la indicación que se les da a veces a los pacientes (o que popularmente se utiliza) para el retraso de la eyaculación de que piensen en otra cosa (el fútbol, las tareas laborales pendientes, etc., cualquier cosa que no remita a lo sexual) que no sea el acto sexual, es decir, que desvíen la excitación sexual somática de su elaboración psíquica, se refuerza el síntoma, empeora la angustia.

Caso clínico:

Pedro, 28 años, llama por teléfono y pide una sesión el verano del año pasado (en el momento de escribir estas páginas, lleva un año acudiendo a la consulta, con frecuencia semanal).

El primer día llega 20 minutos antes de la hora acordada. La psicoanalista piensa: "Tal vez un eyaculador precoz" (1). Como no está ocupada en ese momento con otro paciente, lo hace pasar.

Se muestra tímido y recatado, le cuesta hablar de "su problema" dice tener eyaculación precoz. Eyacula nada más penetrar a su pareja. Dependiendo de las posturas puede aguantar un par de minutos, no más. Cuando ella está encima dice que le resulta más fácil controlarse. Habla constantemente de control, control sobre ella (su pareja, a la que acaba de conocer hace menos de dos o tres semanas; quiere saber dónde está, quiere que ella le dedique todo su tiempo, si ella sale con amigas en lugar de salir con él se molesta, hay un manifiesto temor a perderla) (2), y control sobre su eyaculación. Quiere decidir él cuando eyacular, pero no lo consigue.

Se le señala que quizás no sean cosas que se tengan que controlar, que si él deja a la función discurrir sola le irá mejor, quizás no es más control, sino menos control lo que hace falta. Más dejarse llevar.

Tiene serios problemas para relacionarse con los otros, en general, una gran desconfianza. Relata varias historias donde se siente traicionado por sus amigos, al final se queda solo. Tiene un temor enorme a quedarse solo (3), sin amigos, a no tener con quién salir el fin de semana. Le asusta la soledad. Recuerda con horror días donde estuvo solo, hasta que entró como voluntario en una asociación y allí encontró amigos.

Relata que la chica que acaba de conocer (que también pertenece a la misma asociación) y con la que está iniciando una relación le confunde permanentemente, le cambia los planes, le dice una cosa y luego otra, dice que "le vuelve loco". No la puede "controlar", todo es sobre la marcha. Debe tolerar la incertidumbre, no saber hasta el final, que es precisamente lo que él no puede. Ella también tiene sus conflictos psíquicos, cada dos por tres se enfada con él sin causa aparente, al menos para él. Tienen grandes discusiones, de las que él sale desolado. No tolera los impulsos hostiles hacia ella, la ama, pero cuando se pone así con él, la odia y eso lo lastima.

Todo el mundo le aconseja que la deje, su familia le ha encontrado llorando algunas veces desconsoladamente tras una discusión con ella, sus amigos le dicen que ella no está bien, que no le conviene esa chica, que le notan triste e irascible desde que está con ella, pero él no puede dejarla. Arguye dos motivos, que tiene miedo de quedarse solo otra vez, como le pasó en el pasado, y no tener con quién salir ni ningún plan para el fin de semana; y que teme que ella hable mal de él por ahí (luego retomaremos este temor, que aparece muchas veces en las sesiones sin aclararse hasta que más adelante el paciente aporta una nueva asociación).

Este temor no le sucede solamente con respecto a ella, le sucede también con respecto a sus familiares menos cercanos, a sus amigos, etc. Temor al qué dirán, temor a qué van a pensar de él y qué van a decir de él "a sus espaldas". A veces esta preocupación se torna una verdadera obsesión.

Es un paciente con un gran componente de ansiedad, angustia. Utiliza la masturbación para "tranquilizarse, relajarse", pero dice no sentir ningún placer cuando se masturba porque está nervioso, con el único objetivo de calmarse como si el onanismo fuera "una terapia para los nervios". Cuando se masturba consigue aguantar un poco más que cuando está con su pareja, pero no mucho. Relata que cuando estudiaba su carrera no podía permanecer en el asiento más de quince minutos, debía interrumpir constantemente para tomar agua, para comer algo, para cancelar la excitación que le producía el estudio (4). Lo mismo hace con el orgasmo, su tensión es tan alta y la alcanza tan rápido que es como si eyaculara rápido por temor a un goce mayor ¿dónde va a llegar esto?, se pregunta

El paciente practica un deporte de contacto, en una ocasión se lesiona y tiene que ser sometido a una intervención quirúrgica. No es capaz de relatar antes de la intervención todas las fantasías que tiene en torno a esa cirugía, pero son muy distintas de lo que se podría esperar, no son las fantasías habituales como el temor a no despertar de la anestesia, o a que el resultado de la operación no sea el óptimo y queden secuelas o alteraciones de la funcionalidad de la articulación.

Finalmente, después de una fuerte discusión en la que él grita y dice "perder el control", no puede soportar sentir esa agresividad y abandona la relación con su pareja. Desde ese momento, entra en un estado depresivo (5), la extraña, la echa de menos, pero sobre todo toma predominio la idea de carácter obsesivo que lo tortura de si ella habrá hablado, si habrá dicho "algo malo" de él.

En una sesión en la que decide "hablar sin tapujos" en su propia expresión, dice que lo que más miedo le daba antes de la cirugía era que lo tuvieran que sondar. Siente que el tamaño de su pene es muy pequeño (esto, que es su mayor drama, era algo de lo que no había podido hablar en el transcurso de casi un año de sesiones), pensaba que si le tuvieran que sondar verían el tamaño de su pene, y "se burlarían de él".

Por fin llega el día de la cirugía, y está tan tenso, tan hiperpreocupado por tener una diuresis normal para que no tengan que sondarle, que termina no pudiendo orinar (otra vez el deseo de controlar una función impide que esta función se desarrolle con normalidad). Al final, para su desgracia, no le sonda una sola enfermera sino dos, ya que es un sondaje dificultoso, y con la poca fortuna de que una de las enfermeras hace un comentario peyorativo sobre el tamaño de su pene, lo que "lo apena" sobremanera.

Dice también que el temor que tiene a que ella (su ex) hable mal de él, es en realidad a que ella divulgue algo sobre el tamaño, pequeño, de su pene, que se lo cuente a los amigos comunes que ambos tienen en la asociación. Y también le da miedo que le cuente "a todo el mundo" algo sobre su eyaculación precoz.

Se le dice que el mejor amante no es el que tiene el pene más grande, sino el que lo sabe mover mejor y que no sea tan egocéntrico, que su pene no es tan importante para que "todo el mundo hable de él".

Llama la atención de la psicoanalista que en su relato quedan asociados, como si guardaran para él alguna relación, el tamaño, para él pequeño, de su pene y la eyaculación precoz. Se le señala como una interpretación ¿usted cree que el tamaño, según usted, pequeño de su pene determina sus "pequeños orgasmos" pene corto/eyaculación corta? Ríe como convicto.

Actualmente está comenzando una nueva relación con otra chica, dice ir algo mejor, está menos angustiado antes de cada acto sexual. Se relaja mejor, no quiere controlar tanto. Ha descubierto que llegaba muy excitado a cada encuentro porque fantaseaba todo lo que él podría hacerle a ella y lo que ella podría hacerle a él antes de la relación sexual, antes del encuentro.

Se le señala: "Entonces era usted un eyaculador tardío, llevaba horas haciendo el amor antes de la eyaculación". Ríe. Dice que ya no fantasea tanto, que no sabe cómo ha dejado de hacerlo, pero que así llega mejor al acto sexual, más tranquilo, menos excitado, y tarda más en eyacular. Aún hay posturas que no puede realizar sin sufrir de eyaculación precoz. Actualmente, continua en psicoanálisis.

(1) Esta frase de la psicoanalista "tal vez un eyaculador precoz" apunta a la relación transferencial, que se establece entre el paciente y el analista desde la primera llamada telefónica. El paciente se verá impelido a repetir en el seno de la relación transferencial sus síntomas, sus dramas vitales, su manera de relacionarse, su manera de gozar. La llegada antes de tiempo a la sesión, indica que quizás también "llegue antes" en otros ámbitos, quizás también el genital.

(2) Hay dos conceptos fundamentales que nos ayudan a comprender este temor a perder, hemos hablado en otro lugar de lo que Freud llama temor a la castración (primer concepto necesario), dado que en el psiquismo, la mujer es equivalente al falo (esto lo explica Freud cuando habla de la ecuación simbólica, que es el segundo concepto a tener en cuenta para la comprensión de este síntoma). El temor a perderla a ella, es en realidad temor a perder el falo, temor a la castración. Este temor es una causa frecuente de eyaculación precoz, en el sentido de que derivan de él el temor a ser mordido, la fantasía de la vagina dentada, la incertidumbre de lo que puede pasarle al miembro masculino en el interior del sexo femenino mientras se permanece allí dentro, lo que obliga a esa rápida retirada "antes de tiempo".

(3) El temor a quedarse solo, es equivalente también del temor de castración. Es muy frecuente, sobre todo en las mujeres, que se quejen de estar solas cuando no tienen pareja, aun cuando estén rodeadas de otras muchas relaciones familiares, de amistad, etc. Estar sola es el equivalente a "estar sin pene", puesto que el hombre es el dador del miembro. Otra vez "estar castrada". En este caso castrado.

(4) Este comportamiento nos recuerda mucho a una neurosis actual del tipo de la neurastenia. El neurasténico no tolera la acumulación de excitación, y precisa descargarla, la mayoría de las

veces a través de la masturbación. De hecho, este paciente se comporta de forma similar con respecto a la excitación sexual. Recordemos como utiliza la masturbación para "descargar tensiones" más que por el goce de masturbarse. Podríamos postular si en realidad la eyaculación precoz no tiene también que ver con esa interrupción por la intolerabilidad al acúmulo de excitación que existe en el paciente neurasténico. No tolera el aumento de la intensidad de la excitación, lo extingue rápidamente por medio de la masturbación o en el caso de la eyaculación precoz, por medio de un acortamiento del acto sexual, de la eyaculación inmediata a la penetración.

(5) Es curioso también este estado depresivo, en este paciente se manifiesta principalmente porque no puede encontrar trabajo, algo que siempre le había resultado fácil. Duda por primera vez de sus capacidades, se siente impotente para realizar el trabajo para el que se ha formado, dudas que nunca antes había tenido.

Desde que terminó la carrera, nunca había estado tanto tiempo sin trabajar como ahora. Podemos pensar que es frente a la pérdida del objeto amado, pero en este caso, también podría ser un rasgo de una identificación con una posición femenina de envidia fálica. Ciertos estados depresivos en la mujer en psicoanálisis, se pueden interpretar como decepciones fálicas, en el sentido de: "el psicoanálisis tampoco me dará eso que esperaba", un falo. Parece como si el paciente hubiera tenido la esperanza, femenina, de que el psicoanálisis le hiciera crecer el pene. Está decepcionado. Esta identificación con una posición femenina nos remite a otra identificación que usualmente se observa en la eyaculación precoz, es como si él remedara el orgasmo femenino, lo tiene rápidamente, con una facilidad desopilante.

FRIGIDEZ

INTRODUCCIÓN

La frigidez es la imposibilidad por parte de la mujer de llegar al orgasmo durante el coito. Para la falta de apetito sexual se reserva el término de **anafrodisia.** El **vaginismo** consiste en una contracción involuntaria de los músculos de la vagina que llega a impedir la penetración. Las causas de estos tres padecimientos son siempre psíquicas.

CAUSAS ORGÁNICAS

El término de **dispareunia** hace alusión a una sensación dolorosa durante el coito. En este caso, sí hay que descartar causas orgánicas, como estenosis vaginales (estrechamiento anatómico de la vagina), o procesos infecciosos como las vaginitis que producen dolor con la penetración. Una vez descartadas las causas orgánicas, el resto son psíquicas, susceptibles de curación con tratamiento psicoanalítico.

CAUSAS PSÍQUICAS

Nos llama la atención la escasez de trabajos serios que estudien la frigidez, a diferencia de los padecimientos masculinos de la impotencia y de la eyaculación precoz, donde existe mucha más bibliografía científica. Quizás esto se deba, por una parte, a la menor importancia que se le da a los trastornos exclusivos de la mujer en el ámbito de la ciencia, donde el machismo impera a pesar de las apariencias de "igualdad de género" y es posible que quizás influya también la complacencia con la que la mujer sufre este síntoma de la frigidez, en contraposición con la mala tolerancia que el hombre muestra ante su impotencia.

Con respecto al goce de la mujer, nos dice Lacan en el Seminario 20 (Aun), que "de este goce la mujer nada sabe" Para atrapar el goce femenino, se habla de goce vaginal, goce clitoridiano, lo que parece ignorarse es que ella goza con todo lo que hace, y no es precisamente con los genitales que se goza. El único aparato de goce es el lenguaje. Esto nos permite pensar que en la frigidez hay un goce aunque la mujer no sepa de él nada.

La educación cultural tiende desde tiempos inmemoriales a la coerción temporal de la sexualidad, sobre todo en la mujer, y esto no es una cuestión del pasado, aún en nuestros días se sigue ejerciendo la misma coerción sobre la sexualidad, y sobre la genitalidad concretamente, hasta el establecimiento de una pareja estable.

Se piensa que una vez que se halle la mujer en una relación estable podrá dar rienda suelta a esta sexualidad por tanto tiempo reprimida. Pero la pulsión sexual es tan intensa y precoz que requiere de medidas extremas para su coerción. Esta coerción va con frecuencia demasiado lejos, dando lugar a que al llegar al momento de dejarla libre, presente ésta ya daños duraderos, resultado que no se pretendía. Es decir, si se establece el goce de coartar la sexualidad, luego es difícil renunciar a ese goce. En ese coartar halla el sujeto también un goce.

La abstinencia sexual durante la juventud no es la mejor preparación para una sexualidad adulta sana (sobre todo la abstinencia del pensamiento sobre lo sexual, que es lo que realmente está prohibido). Por esto mismo, las mujeres prefieren como pareja a hombres de dilatada experiencia sexual.

Las mujeres son las que más se resentirán en su sexualidad futura de esta coerción de la misma, porque son sobre las que con mayor hincapié se insiste en esta coerción, son ellas las que deben "preservar su virginidad" a toda costa.

La educación, bajo esta idea, tiene por delante una ardua tarea para coartar la sexualidad de las jóvenes hasta la consecución de una pareja estable, dada la fuerza de la pulsión sexual, por ello se recurre a medidas severas. No sólo se prohíben las relaciones sexuales y se insiste en la importancia de la conservación de la virginidad, sino que se trata de evitar a las adolescentes toda tentación, manteniéndolas en la ignorancia de la sexualidad y no tolerándoles ningún impulso amoroso que no pueda conducir a una relación de pareja estable.

Como consecuencia de esta demora artificial de la función erótica estas mujeres permanecen aún ligadas a sus padres, cuya autoridad creó en ellas la coerción sexual. Su conducta corporal adolecerá de frigidez, procurando únicamente desilusiones a su pareja y a ellas mismas cuyo deseo postergado las había llevado a idealizar la relación sexual.

Freud señala en su texto *La moral sexual cultural y la nerviosidad moderna*, que la coerción de la sexualidad a la que la cultura y la familia somete a los adolescentes, les lleva a buscar vías de satisfacción alternativas al acto sexual. Tanto ellas como ellos "acomodan su libido", es decir aprenden el goce de la masturbación, lo que conduce en ellos a una disminuida potencia sexual y en ellas a una anestesia cuando se produce el encuentro sexual. Esto hace que haya graves problemáticas sexuales en las parejas.

Dada la escasa potencia del varón, la mujer no es satisfecha y permanece anestésica aun cuando la predisposición a la frigidez que la educación le instiló habría podido ser superada por una intensa experiencia sexual.

La represión sexual a la que ha sido, durante siglos, sometida la mujer contribuye en parte a la frigidez. Socialmente tampoco está bien visto que la mujer desee. Si él desea, es un "machote",

"un don Juan", "un fuera de serie", si ella desea, es una "casqui-
vana", "una fresca".

Traemos ahora un poema de Gioconda Belli que ilustra este
extrañamiento del hombre frente al goce femenino, también trabaja el controvertido tema del goce sexual en la mujer madura:

MUJER IRREDENTA
Hay quienes piensan
que he celebrado en exceso
los misterios del cuerpo
la piel y su aroma de fruta.
¡Calla, mujer! –me ordenan–
No nos aburras más con tu lujuria
Vete a la habitación
Desnúdate
Haz lo que quieras
Pero calla
No lo pregones a los cuatro vientos.
Una mujer es frágil, leve, maternal;
en sus ojos los velos del pudor
la erigen en eterna vestal de todas las virtudes.
Una mujer que goza es un mar agitado
donde solo es posible el naufragio.
Cállate. No hables más de vientres y humedades.
Era quizás aceptable que lo hicieras en la juventud.
Después de todo, en esa época, siempre hay lugar para el
desenfreno.
Pero ahora, cállate.
Ya pronto tendrás nietos. Ya no te sientan las pasiones.
No bien pierde la carne su solidez
debes doblar el alma
ir a la Iglesia
tejer escarpines

y apagar la mirada con el forzado decoro de la menopausia.
Me instalo hoy a escribir
para los Sumos Sacerdotes de la decencia
para los que, agotados los sucesivos argumentos,
nos recetan a las mujeres la vejez prematura
la solitaria tristeza
el espanto precoz a las arrugas.
¡Ah! Señores; no saben ustedes
cuántas delicias esconden los cuerpos otoñales
cuánta humedad, cuánto humus
cuánto fulgor de oro oculta el follaje del bosque
donde la tierra fértil
se ha nutrido de tiempo.

Esta misma represión sexual, ha sido responsable también de que ella haya figurado menos, hasta el siglo XX-XXI, en las producciones científicas, literarias, etc.

Al reprimir el pensamiento sobre la sexualidad, que es la primera investigación que se lleva a cabo en la niñez, se reprime también todo el pensamiento.

Tenemos miles de ejemplos de la concepción sobre la mujer en la literatura. Por su repercusión, tomamos el de Juan Huarte de San Juan (médico español del siglo XVI): "Las mujeres por razón de la frialdad y humedad de su sexo, no pueden alcanzar ingenio profundo". "Sólo vemos que hablan con alguna apariencia de habilidad en materias livianas y fáciles, con términos comunes y muy estudiados; pero metidas en letras, no pueden aprender más que un poco latín, y esto por ser obra de la memoria. De la cual rudeza no tienen ellas la culpa; sino que la frialdad y humedad que las hizo hembras, esas mismas calidades hemos probado que contradicen al ingenio y habilidad".

A la mujer no se la ha dejado pensar. Como vemos, se la ha creído incluso incapaz de hacerlo.

Podríamos, entonces, hablar de una frigidez mental. "No le entran…. las ideas en la cabeza". Es curioso, porque la palabra estrecha, que se utiliza para denominar a las mujeres con poca accesibilidad sexual, hace también alusión a la estrechez vaginal. También se dice "estrecha de mente", como "mente cerrada", o que no está abierta a nuevas ideas. Son todas metáforas sexuales.

El poema de Gioconda Belli que hemos traído, nos permite pensar la interesante cuestión de la sexualidad femenina en la menopausia.

Se calcula que aproximadamente entre un 40-60% de las mujeres en esta etapa sufren síntomas locales relacionados con la atrofia vaginal que ocurre como consecuencia de la caída progresiva de estrógenos, algo característico de esta etapa de la vida de la mujer. De hecho, la sequedad vaginal, es uno de los motivos más frecuentes de consulta en Ginecología.

Si, como nos dice la poeta, el deseo no decae con la edad, podríamos pensar que quizás se concibe la sexualidad como inseparable de la reproducción, se pierde la vertiente de goce que tiene la sexualidad. La mujer llegada a la menopausia deja de poder reproducirse, pero no de gozar.

Parece que el discurso médico obligara a la mujer en edad menopáusica a tener estos síntomas cuando no son obligatorios. De hecho la propia Medicina observa que las mujeres que se mantienen sexualmente activas a esta edad tienen menos atrofia y menos sequedad vaginal.

Freud señala que, paradójicamente y al contrario de lo que se piensa desde la Medicina, la menopausia se acompaña en la mujer de un aumento de la libido. Este aumento de la libido es, en ocasiones, mal tolerado por ella misma que, obedeciendo a los prejuicios circundantes, siente que "está mal" eso de que una mujer madura desee, goce, ame.

Existe aún otro importante factor que conduce a la frigidez basado en la historia evolutiva de la libido. El psicoanálisis nos muestra la regularidad de las primeras fijaciones de la libido y su extraordinaria intensidad. Se trata de deseos sexuales infantiles tenazmente conservados y en la mujer, por lo general, de una fijación de la libido al padre o a un hermano, sucedáneo de aquél. Deseos orientados, con gran frecuencia, hacia fines distintos del coito o que sólo lo integran como fin vagamente reconocido.

El hombre es siempre, por decirlo así, un sustituto. En el amor de la mujer, el primer puesto lo ocupa alguien que no es su pareja; en los casos típicos, el padre, y la pareja, a lo sumo, ocupa un segundo lugar. De la intensidad y del arraigo de esta fijación depende que el sustituto sea o no rechazado como insatisfactorio. La frigidez es, de este modo, un síntoma más de la neurosis. Cuanto más poderoso es el elemento psíquico o edípico en la vida de una mujer, es decir, cuanto más intenso su ligamen al padre, mayor resistencia opondrá la distribución de su libido a la conmoción provocada por el primer acto sexual y menos poderosos resultarán los efectos de éste sobre la mujer. La frigidez emergerá entonces en calidad de inhibición neurótica o constituirá una base propicia al desarrollo de otras neurosis. A este resultado contribuye la presencia de impotencia masculina. Cualquier potencia es escasa comparada con la que ella le supone al padre.

La fijación exagerada de la hija al padre, habla en realidad de una fijación previa exagerada a la madre. Hay mujeres cuya primera relación de pareja acaba de manera desgraciada, a la manera del amor materno, y sólo en un segunda relación, donde el amor que se le dedica al marido se asemeja más al amor profesado al padre, pueden ser felices. La idea de amor eterno que se juega en todo sujeto, tiene que ver con el amor al padre. El amor fatal, con el amor a la madre (ya que la relación de la madre con la hija suele terminar de manera hostil). En un poema de *La Mujer y yo*, del poeta y psicoanalista Miguel Oscar Menassa, dice ella: "hasta los amores rotos eran eternos, y para él los amores eran leves y ligeros".

Sabemos que la mujer pasa por un temprano estadio en el que envidia al hermano el signo de la virilidad, sintiéndose ella desventajada y humillada por la carencia de miembro (o, más propiamente dicho, por su disminución). Esta envidia al pene pertenece al complejo de castración. Durante esta fase no ocultan muchas veces las niñas tal envidia ni la hostilidad en ella basada, y tratan de proclamar su igualdad al hermano intentando orinar de pie, como él.

Este momento es un paso necesario en la constitución de la feminidad, se denomina envidia fálica, el falo es el pene que la madre no tiene, una atribución que le hace el niño a la madre. El proceso es el siguiente: primero la niña le va a demandar a la madre el falo, cuando no lo recibe de ella, se dirige al padre y se lo pide a él y, posteriormente, pasa del deseo de falo al deseo de hijo, es decir se lo pide al hombre, a su partener.

La hostilidad que muestran las mujeres después de un coito satisfactorio y, que en ocasiones puede llegar a la agresión, está en relación con esta envidia al pene. Sería como si ella se preguntase tras el coito "¿pero cómo? ¡Se lo ha llevado, no me ha dejado el pene después del coito! Esta hostilidad, en ocasiones, se manifiesta como frigidez, que impide o molesta el goce del coito.

Quizás si una mujer no está un poco agresiva después del coito, es que no gozó del todo. O que goza así, de creer que no goza.

A veces es a condición de no darse cuenta de que gozan, que las mujeres pueden gozar. Las que dicen: "Nunca tuve un orgasmo, siempre lo fingí", de lo que no se dan cuenta es que en el fingimiento hay un goce también. Lo que pasa es que cuando la mujer admite que goza ya está en posición de sujeto deseante, ya no es solo objeto causa del deseo del otro, por eso la hostilidad, en ella ya hay una aceptación de la participación del otro en el propio goce, de alguna manera.

Lo que sucede con las mujeres que gozan fingiendo es que piensan que su pareja nunca las va a abandonar porque viven en la creencia que para él es importante el goce de ellas, en tanto él participa en su producción. Aquellas que fingen, gozan de creer que son la causa del deseo del otro.

Querer que la amen, querer ser amada, es una forma de envidia al pene. Ella se pone en una posición de carencia, de necesitar del amor del otro. No es la posición de amante, de deseante. Los hombres lo saben, le dicen: "te quiero" y ya está, ella se entrega. Algunos no se atreven a decírselo porque saben que eso la somete.

Pero también podemos pensar que esta tendencia de la mujer a tomar una posición de objeto está relacionada con La Especie. Que la naturaleza tenga menos en cuenta las exigencias femeninas que en el caso de la masculinidad, puede tener su razón en que la consecución del fin biológico (la reproducción) ha sido confiada a la agresión del hombre y hecha independiente, en cierto modo, del consentimiento de la mujer.

En ocasiones se confunde la frigidez con el vaginismo. La diferencia fundamental es que en la frigidez puede haber penetración, pero no hay orgasmo. Ella en su frigidez hace que él sea omnipotente. A ella no le importa la frigidez si consigue eso, que él sea potente, que él goce y que ella sea la causa de ese goce. A él, eso de ser impotente para que ella goce, no le va, no alcanza el goce en posición objetal, siendo la causa del deseo de la mujer. Por eso que para la mujer es más tolerable la frigidez que para el hombre la impotencia.

Ella es frígida porque le cuesta ponerse en posición de deseante. Él es el que desea y ella el objeto de su amor. No importa el goce de ella, o el goce de ella es el goce de él.

El vaginismo el psicoanálisis lo cura rápido. Por iniciar el análisis, la paciente deja de tener vaginismo. Pero la frigidez es más difícil, porque hay un goce y ¿quién renuncia a ese goce? Es más histérico el vaginismo que la frigidez, aunque la frigidez también puede ser un síntoma para sostener que la relación sexual existe, que hay relación sexual (característico de la histeria): ella piensa que su relación sexual no va pero que, en algún lugar, hay dos amantes que se aman "de verdad", que tienen una relación sexual perfecta. Es decir, pretenden hacer existir la relación sexual, cuando sabemos que no hay relación sexual, es decir, no se trata de una sexualidad compartida, sino del encuentro de dos complejas sexualidades.

Las pacientes con frigidez histérica, que no pueden disfrutar con su pareja, creen que en algún lugar hay una pareja perfecta, que tiene "verdaderas relaciones sexuales", que están hechos el uno para el otro… la teoría de la media naranja. Nunca son felices con la pareja actual, pero creen que lo serían con otra. Cuando en realidad, no se trata de la pareja, sino de su propia estructura psíquica, que las hace permanecer en la insatisfacción de su deseo.

La frigidez no pertenece a ninguna estructura en particular, es de la estructura del sujeto, en relación con la represión de la sexualidad femenina. La represión social de la sexualidad que recae sobre una condición estructural, la envidia al pene, y sobre todo la predisposición de la mujer a la posición objetal (ella goza como objeto causa del deseo de él).

Hay mujeres que pueden mantener relaciones sexuales, pero hablar de ello jamás, lo hacen sin darse cuenta: "Es mi marido, que me hace cosas, es un guarro". En realidad, actualmente, en la aparente libertad sexual extrema, sigue existiendo la misma represión sobre el discurso acerca de la sexualidad. Ahora ellos tampoco pueden hablar de sexo. La libertad sexual no tiene que ver con la práctica indiscriminada del sexo, sino que es más una libertad de palabra. Esta más prohibido hablar de lo sexual que "follar".

Hay una cuestión social de represión sexual en la mujer, hay una falsa apariencia de que eso era una cosa de la moral victoriana y ahora está permitido, pero no es así.

Lacan plantea el vaginismo en relación con los prejuicios, al igual que es un prejuicio pensar que el parto tiene que ser doloroso, como lo muestra la frase bíblica: "parirás con dolor", cuando el parto sin dolor es algo que se puede dar. Señala que el vaginismo se distingue de los síntomas neuróticos incluso cuando coexisten, y cede por ejemplo con hipnosis cuyo éxito es notorio en el parto sin dolor. Entonces, podemos pensar el vaginismo en relación con los prejuicios y la frigidez sería más del orden de la neurosis.

Si el análisis ha tolerado que en su orbe se confundan angustia y miedo hay quizá aquí una ocasión de distinguir entre inconsciente y prejuicio, en cuanto a los efectos del significante.

Hay que sacar del pensamiento común a la eyaculación precoz y a la frigidez. Son cuestiones casi estructurales, que el paciente toma, las aísla de la sexualidad y las convierte en síntoma.

El cuerpo es una construcción, nuestro cuerpo no es exclusivamente lo que vemos con nuestros ojos. La paciente con vaginismo no tiene vagina, no tiene agujero, aunque anatómicamente lo tenga.

Negar el cuerpo, lo enferma. La mujer que padece de vaginismo es como si negara la existencia de la vagina. Es imposible ser penetrada si no hay agujero. El psicoanálisis le posibilita a la paciente con vaginismo la construcción de una vagina.

La vagina no existió siempre para el psiquismo, no se nace con vagina, sino que esta se produce en la metamorfosis de la pubertad, cuando se reconocen las diferencias sexuales. Inicialmente, no hay hombre y mujer, no hay diferencia sexual, hay masculino y castrado. Niños que tienen y niños que no tienen. La existencia de la vagina y la diferencia sexual no se constituyen hasta la pubertad.

Hemos dicho que la frigidez tiene que ver con la tendencia de la mujer a ocupar una posición de objeto. Para ella es mucho mayor la necesidad de ser amada (amor narcisista, posición de objeto) que la de amar (posición de sujeto, posición deseante). En la vanidad que a la mujer inspira su físico participa la acción de la envidia al pene, pues la mujer estima tanto más sus atractivos cuanto que los considera como una compensación. La cuestión del físico es algo en juego. Se ha promovido la moda, la estética, por esta cuestión psíquica, porque para ella es compensatorio de la envidia al pene.

Hay autores que diferencian la frigidez primaria de la secundaria. La frigidez primaria sería desde las primeras relaciones sexuales. Incluso podríamos decir que hay una especie de frigidez coyuntural, en el sentido de que tener un poco de dificultad para la penetración o para el goce en los primeros encuentros sexuales, esto no indica que se vaya a ser frígida posteriormente. En los casos en que la mujer no presenta frigidez de manera primaria y el síntoma surge en un momento determinado de su vida sexual, hemos observado que, en ocasiones, se presenta con el nacimiento del primer hijo. El hijo puede entrar ahí como equivalente del pene, ella ya es fálica, ya tiene, y no necesita el pene de él. Ahí se vuelve a posicionar en la negación de las diferencias sexuales y en el síntoma de la frigidez.

ABORDAJE PSICOANALÍTICO. UN CASO CLÍNICO DE VAGINISMO

Caso clínico

Se trata de una paciente de 28 años, casada desde hace dos años con un varón de 32. Quieren tener un hijo. Ella padece de vaginismo y no es posible la penetración. Deciden consultar a un ginecólogo.

Es el ginecólogo de la paciente el que la deriva cuando intenta explorarla con el espéculo vaginal y se da cuenta de que es imposible.

En la primera entrevista la paciente relata: "El día antes de ir al ginecólogo, fue como si hubiéramos querido darnos una última oportunidad de poder algo entre nosotros, nos besamos apasionadamente y nos excitamos, como siempre, casi hasta el dolor de cabeza, pero no pudimos nada, no había manera de que yo me relajara, así que terminamos como pudimos y yo me fui a la cama y me dormí llorando.

Cuando llegué al ginecólogo, fue la misma impotencia, era imposible entrar con el espéculo de exploración porque yo estaba totalmente cerrada. La ginecóloga me mandó directamente aquí, después de decirme que lo que tenía era vaginismo y que aquello era de causa psíquica".

En sesiones siguientes la paciente refiere que cuando pequeña los niños se reían de ella y le decían fea, que quizá eso tenga algo que ver con lo que le pasa (las quejas sobre la propia belleza o fealdad son típicas de la posición histérica).

De las relaciones sexuales dice que las vive como una agresión, con su marido practican la masturbación recíproca, se besan, pero es imposible la penetración, ella ya se ha acostumbrado a esa sexualidad y le daría lo mismo si no fuera porque quiere quedarse embarazada.

Al mes de tratamiento vuelve al ginecólogo y la explora sin dificultad. Las relaciones con el marido van mejorando paulatinamente, hasta resultar muy satisfactorias. Pero, aún así, la paciente sigue sin quedarse embarazada.

Comienza a hablar en las sesiones de que le resulta demasiada dependencia el psicoanálisis, que quizá debería probar a dejarlo un tiempo, que teme depender tanto de él que cuando lo deje no pueda tener relaciones sexuales con el marido. Se le indica que quizás sea ese temor a la dependencia de su esposo –ya que él participa en la producción de su goce y también es necesario para concebir un hijo, puesto que ella no puede tenerlo sola– lo que le impide tanto gozar sexualmente como quedar embarazada. La paciente decide continuar su tratamiento.

En el transcurso de las sesiones muestra sus prejuicios acerca del sexo, incluso habla de temor a la contaminación, a que algo ajeno penetre en ella, se despliegan decenas de fantasías en torno a la penetración. Relata: "Me di cuenta de que cuando estudiaba siempre decía que no me entraban las cosas o cuando alguien pensaba muy diferente de mí decía que no me entraba en la cabeza. Mis amigas me decían: eres un poco estrecha de miras, Paulita, hija, relájate".

La paciente ríe cuando descubre esto en sesión, que su frigidez no era solo vaginal, sino también mental. A la siguiente sesión dice que esa misma noche la cosa avanzó mucho más de lo habitual. Su resistencia va cediendo poco a poco, con cada descubrimiento de su análisis.

El deseo de tener un hijo se hacía cada vez más secundario, porque iba descubriendo junto con su marido el placer sexual que hasta entonces le había sido vedado, aquello que antes hacía matemáticamente, buscando el hijo, en días próximos a la ovulación, en posiciones imposibles, midiendo su temperatura, dejó de ser un suplicio programado y se convirtió en un juego lleno de sensualidad.

Se asusta un poco cuando empieza a gustarle mucho un compañero de trabajo, nunca había sentido la necesidad de estar con otro hombre que no fuera su esposo, pero luego se da cuenta que no era tanto el compañero, sino la intensidad de su deseo sexual libre, el descubrimiento de su propia sexualidad.

Un día llega a la consulta anunciando que está embarazada y recuerda las palabras de la analista: "Primero tiene que aprender a gozar de hacer el amor y después, vendrá el hijo". "Me pasaba lo mismo cuando estudiaba: Si gozaba estudiando, aprobaba el examen con facilidad, pero si estudiaba para aprobar el examen, me era mucho más difícil aprobar y sacar nota".

La paciente continua su análisis todo el embarazo. Tras el nacimiento de su hija nueve meses después acude a sesión y dice: "Sacamos nota, doctora, Isabel es una niña preciosa. Y mi marido y yo estamos felices de haber descubierto nuestra sexualidad".

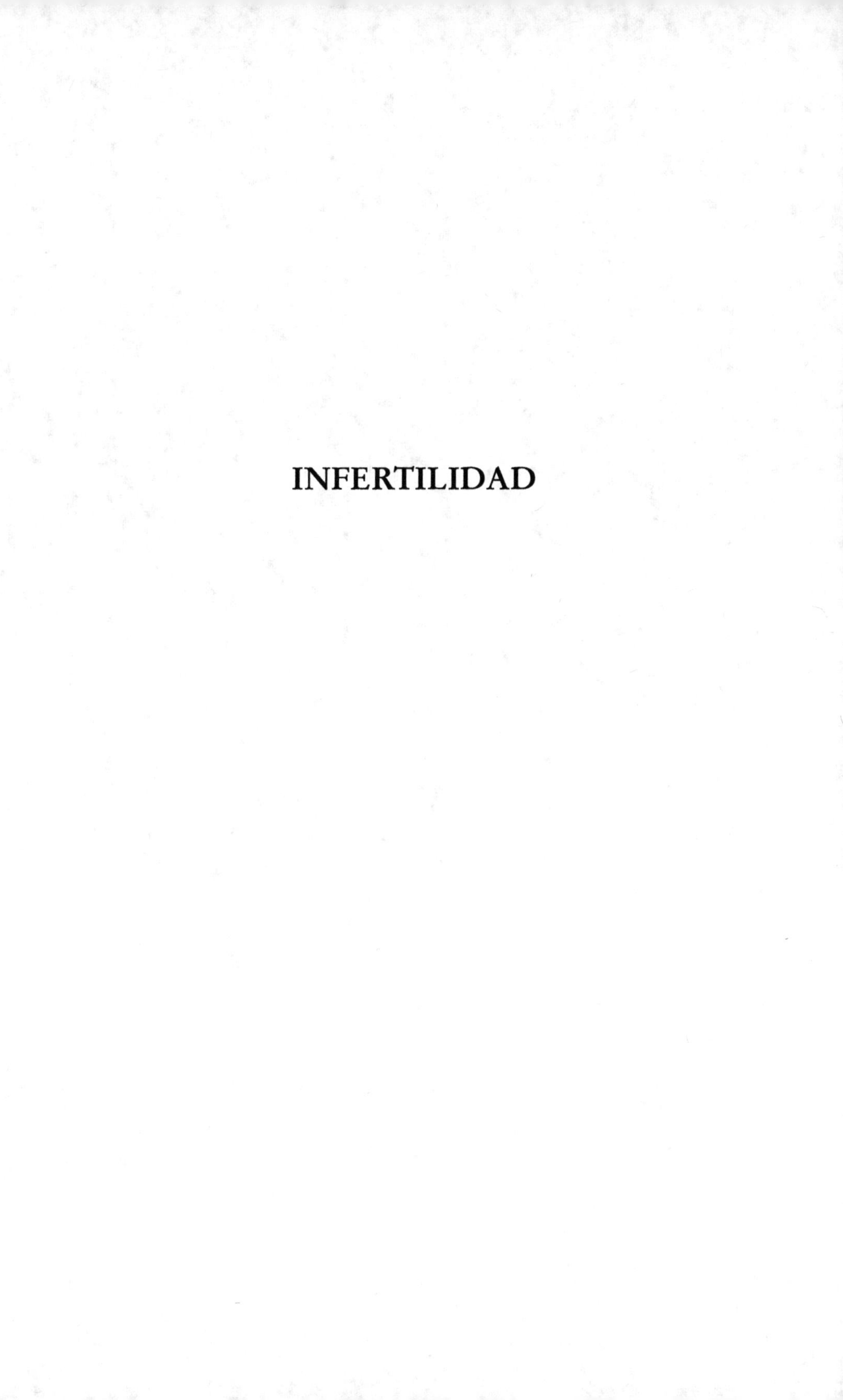

INFERTILIDAD

INTRODUCCIÓN

Se estima que aproximadamente entre el 10 al 20% de las parejas experimentan algún problema de infertilidad durante su vida reproductiva.

La infertilidad puede deberse a factores masculinos, a factores femeninos o a una combinación de ambos. Hay implicadas causas orgánicas y causas psíquicas.

En general se debe estudiar a la pareja en conjunto y no es prudente empezar estudios complejos y complicados hasta que la pareja no haya tratado de lograr un embarazo por lo menos durante 2 años sin el uso de medidas anticonceptivas (aunque este criterio depende de la edad de la mujer).

Por tanto, podemos definir la infertilidad como la imposibilidad de completar un embarazo luego de un tiempo razonable de relaciones sexuales sin tomar medidas anticonceptivas. Este "tiempo razonable" según la OMS es un mínimo de dos años.

La infertilidad o incapacidad de tener hijos hay que diferenciarla de la esteritilidad, que es la incapacidad de quedar embarazada. Estos dos términos se confunden en la bibliografía anglosajona.

En España alrededor del 2% de los niños que nacen lo hacen mediante técnicas de reproducción asistida.

España es el país en el que las mujeres retrasan más la maternidad y prueba de ello, es que más de la cuarta parte de las pacientes que se realizan un tratamiento para la infertilidad supera los 40 años.

Nacen más de 15.000 niños gracias a técnicas de reproducción asistida.

Según el registro de la Sociedad Española de Fertilidad (SEF), España es actualmente el tercer país en Europa con más tratamientos de fertilidad, por detrás de Francia y de Alemania.

CAUSAS ORGÁNICAS DE INFERTILIDAD

Las causas orgánicas pueden ser masculinas (factor masculino) o femeninas (factor femenino). Además, el descubrimiento de un factor de infertilidad en un cónyuge no elimina la necesidad de buscar más factores en el otro, ya que pueden aparecer varios factores concurrentes en una misma pareja.

A) Causas de infertilidad femenina:

Las causas de infertilidad se pueden agrupar según la localización anatómica de la disfunción:

1) Infertilidad anovulatoria: Dentro de las causas anovulatorias están:

a) Insuficiencia ovárica intrínseca, que incluye factores genéticos, autoinmunes, y otras como la quimioterapia.

b) Disfunción ovárica, secundaria a la regulación gonadotrópica, como por ejemplo en la hiperprolactinemia o el síndrome de Kallmann, o debida a causas funcionales que incluyen bajo peso corporal, exceso de ejercicio, uso de medicamentos e infertilidad idiopática. La deficiencia de gonadotropina también se puede dar en casos de tumor hipofisario, necrosis de la hipófisis y trombosis. En el síndrome de ovario poliquístico pueden existir alteraciones de la acción de las gonadotropinas.

2) Infertilidad tubárica-peritoneal 30% de las causas de infertilidad.

Adherencias pélvicas secundarias a infecciones, enfermedad inflamatoria pélvica (EIP), cirugías previas o endometriosis. En cuanto a las ETS (enfermedades de transmisión sexual), dos microorganismos han demostrado tener efectos directos sobre la fertilidad luego de la infección: Neisseria gonorrhoea y Chlamydia trachomatis. La endometriosis puede provocar infertilidad por este y otros mecanismos; hace mucho tiempo se estableció la asociación entre endometriosis e infertilidad.

3) Infertilidad uterina: Hay un amplio espectro de anomalías uterinas, ya sea congénitas o adquiridas, asociadas con la presencia de infertilidad o abortos recurrentes. Entre los ejemplos se incluyen alteraciones congénitas, exposición intrauterina a medicamentos, miomas submucosos, pólipos y sinequias, etc.

B) Causas de iInfertilidad masculina:

1) Trastornos en la eyaculación:

a) Relaciones sexuales demasiado infrecuentes; existe una creencia equivocada que sugiere que las reservas de semen se agotan tras cada eyaculación y que, por lo tanto, se deben tener períodos de abstinencia prolongados. Se ha visto, por el contrario, que hay un número alto de espermatozoides en eyaculaciones sucesivas, por lo que la eyaculación debe ser frecuente en el período en torno a la ovulación (o período periovulatorio), es decir, hacia la mitad del ciclo menstrual de la mujer.

b) Eyaculación retrógrada: consiste en una emisión retrógrada del semen hacia la vejiga, durante la eyaculación. Puede ser orgánica, a consecuencia de una diabetes mal controlada, por ejemplo; o puede ser de causa desconocida.

2) Ausencia de eyaculación (aneyaculación) por enfermedad orgánica o por fármacos como algunos antidepresivos.

3) Otras causas: congénitas, infecciosas, patología urológica, consecuencia de cirugía inguinoescrotal, disfunciones sexuales, trastornos inmunológicos (el esperma es capaz de inducir la síntesis de autoanticuerpos), genéticas, lesiones neurológicas, factores ambientales y tóxicos, fármacos como por ejemplo los

bloqueantes de los canales del calcio, trastornos hormonales, tumorales, etc.

4) Idiopáticas o de origen desconocido: hasta en un 40% de los paciente infértiles no se encuentra la causa de dicha infertilidad.

CAUSAS PSÍQUICAS DE INFERTILIDAD

El psicoanálisis nos permite pensar interesantes cuestiones acerca de la procreación. Aunque nos parezca paradójico, tener hijos, en el sentido de procrear, tiene que ver más con la función padre que con la función madre (y esto tanto para el hombre como para la mujer). No sólo no es necesario tener hijos para ocupar la función padre, sino que tenerlos no garantiza la función. Como ya habíamos señalado en la introducción los 4 significantes (padre, madre, hombre y mujer) son constitutivos de todo sujeto, más allá de su sexo anatómico.

En su texto *Tótem y Tabú* Freud señala que el hombre no llega de manera natural al conocimiento de la existencia del acto sexual y su relación con la procreación. La procreación está en relación con la función padre, es algo del orden simbólico. Los primitivos pueden plantear que la mujer queda embarazada porque ha pasado por un determinado lugar del camino, por ejemplo, sin relacionarlo en absoluto con la relación sexual. No es del orden de la experiencia, viene por el orden simbólico.

La infertilidad es como una forma de preguntarse por eso por lo que todos nos preguntamos: la procreación.

La pregunta sobre la procreación es una pregunta por la que pasa todo humano: ¿De dónde vienen los niños? es lo que comanda toda la investigación sexual infantil, como nos mostró Freud en *Tres ensayos para una teoría sexual,* generándose en torno a esta pregunta todas las fantasías sexuales infantiles. Según la fase libidinal en la que se encuentre el niño, se producen distintas fantasías: los niños nacen por haber comido algo (fase oral), nacen por el ano (fase anal), etc. En ocasiones estas teorías sexuales infantiles están vigentes en el adulto, de tal manera que pueden influir en las posibilidades de procreación.

Cuando una mujer o un hombre no pueden tener hijos, una vez descartadas las causas orgánicas habituales, habría que preguntarse qué es un hijo para ese hombre o para esa mujer. Además del sentido social de tener un hijo: los hijos siguen el linaje y las hijas son intercambio entre linajes, tienen un sentido psíquico.

La mujer atraviesa en su constelación edípica por el deseo de falo, primero se lo pide a la madre, como ella no se lo da, se dirige al padre. Es un paso necesario, que en psicoanálisis se conoce como envidia al pene, porque ella pasa del deseo de falo al deseo de hijo. Por tanto, la mujer para poder la maternidad, tiene que pasar por este momento de la envidia al pene. Es interesante en este sentido escuchar como la mujer formula su deseo de hijo. No es lo mismo decir: "quiero tener un hijo", donde es en el tener donde recae el acento, tener el falo, finalmente, que decir: "quiero ser madre", donde lo que se pone en juego es la función, no el objeto (el hijo).

Freud plantea la ecuación simbólica postulando que, a nivel inconsciente, hay significantes que son equivalentes, de tal manera que el niño puede equivaler al falo. Que él le dé un hijo a ella, puede tener para ella el sentido de que es un falo lo que le da. Lo mismo sucede con las heces, objeto privilegiado de la fase anal, que también pueden equivaler al falo, así como el dinero, los regalos o la mujer toda ella puede representar un falo.

A veces el hijo queda como equivalente simbólico. Esto se observa en la experiencia clínica: hay madres cuyos hijos parecen ser una prolongación del cuerpo de ella (su falo), no se separan del hijo bajo ningún concepto, no le dejan tener ninguna autonomía, como si les perteneciera ("lo tienen").

Como antes habíamos dicho, el sujeto pasa en la constitución de su libido por varias fases: oral, anal, fálica y genital (que se termina de constituir en la pubertad, tras un periodo de latencia). A veces el niño tan ansiado, no es más que el ansiado pene que haga a la madre, que se siente castrada, completa, pero a veces también es un excremento, o un regalo que ella le hace a él, su marido. En este sentido, se escuchan frases como: "Yo no quiero tener hijos, pero a él le hace tanta ilusión...".

Cuando se hayan descartado las causas anatómicas o médicas, en ambos miembros de la pareja, hay que empezar a preguntarse por estas cuestiones psíquicas.

Lacan nos trae un caso para ejemplificar como también la neurosis es una pregunta en relación con la procreación. Para mostrarnos cómo todos nos hacemos esta pregunta. El neurótico se pregunta: ¿Quién soy? ¿Un hombre o una mujer? y ¿Soy capaz de engendrar?

El caso es el siguiente: Un día el sujeto baja de su vehículo, tropieza, cae al suelo, le duele un poco el lado izquierdo. Lo llevan al hospital donde le hacen una sutura en el cuero cabelludo para cerrar la herida. Le practican infinitos exámenes radiológicos y no le encuentran nada, pero el dolor en el costado persiste. Lacan lo analiza en un sentido simbólico, dice que lo que está allí en juego es un fantasma de embarazo, caer es también en alemán parir. El paciente habla, por ejemplo, de sus preocupaciones anales ¿Pero en torno a qué gira su interés por sus excrementos? En torno a saber si puede haber en los excrementos semillas de frutas capaces todavía de crecer una vez plantadas.

El sujeto tiene una gran ambición, dedicarse a la cría de gallinas y muy especialmente al comercio de huevos. Se interesa en todo tipo de cuestiones de botánica centradas en torno a la germinación. Como ven, esta neurosis nos muestra que lo que está en juego es la pregunta por la procreación. Por esta pregunta pasa todo sujeto y de la posición que tome con respecto a ella, que tiene que ver fundamentalmente con la constitución del significante padre, tendremos como efecto en la realidad la posibilidad o no de tener hijos.

Para ser capaz de procrear, para que un sujeto sea "fértil", desde el punto de vista psíquico, como ya hemos señalado, es crucial la función padre, aunque no debemos olvidar que no sólo no es necesario tener hijos para ocupar la función padre sino que tenerlos no garantiza la función. Padre es el que deja crecer al otro a su lado, no necesariamente un hijo, puede ser un discípulo. Y también se puede tener hijos como mandato de la especie –la especie es más grande que el sujeto, le exige la procreación para su propia perpetuación, podemos decir que "lo toma desprevenido y le hace tener hijos"– pero ser incapaz de pensar en su educación, en sus necesidades, en su crecimiento..., por eso que tener hijos no garantiza la función padre.

El Nombre del Padre es "la carretera principal al otro sexo". Tanto en la hembra como en el varón el Nombre del Padre se constituye en la metáfora paterna, donde se sustituye el Deseo de la Madre por el Nombre del Padre. Inicialmente el hijo es hijo de la madre, no hay padre, el padre se introduce en la operación de castración, cuando el niño se da cuenta de que la madre no pudo sola, que precisó del padre para engendrarlo a él.

Madre cierta, padre incierto, se suele decir. El padre es lo más simbólico, acepto que el que señala mi madre como tal, es mi padre. Que el niño sea tan del padre como de la madre es algo a lo que se llega y no algo de lo que se parte. La ontogenia repite la filogenia. Fue necesaria la producción histórica del Nombre del Padre, con la primera religión monoteísta, para que cada sujeto pueda constituir Nombre del Padre.

Hay padres y saber que hay padres, que históricamente se constituyó ese significante, hace que cada uno tenga padre y pueda ser a su vez, un padre. El sujeto puede saber muy bien que copular es realmente el origen del procrear, pero la función de procrear en cuanto que significante, es otra cosa.

La función de ser padre no es pensable de ningún modo en la experiencia humana sin la categoría del significante. Tiene un valor eminentemente simbólico. Para que procrear tenga su sentido pleno, es aún necesario, en ambos sexos, que haya aprehensión, relación con la experiencia de la muerte que da al término procrear su pleno sentido. Cuando hay problemas con el significante padre (con aceptar que hubo alguien antes que yo), hay problemas con las relaciones con el otro sexo.

Para ambos sexos, tanto la maternidad como la paternidad, ponen en cuestión la propia constitución del sujeto.

El primer enamoramiento, la primera elección de objeto, es para ambos la madre, después la mujer se desengaña de la madre y va a quedar en una relación hostil con ella. Su reproche es que "la hizo sin pene". Tras este desengaño de la madre, la mujer, se vuelve hacia el padre con la misma demanda: Quiere obtener de él un falo. Todo este proceso está en relación con la envidia al pene, momento por el que toda mujer ha de atravesar en la constitución de su sexualidad. Después, va a sustituir este deseo de pene por deseo de hijo, que primero le va a pedir al padre, y sólo posteriormente a otro hombre (es su camino hacia el hombre). Se llega al hijo pasando por el deseo de falo, es estructural. Otra cosa es que el niño sea falo, eso ya problematiza, pero que haya deseo de falo es necesario.

Luego puede ser que cualquier hombre sea para ella el padre al que va a pedirle el pene.

Para el hombre el deseo de hijo aparece en primera instancia como el deseo de hacerle un hijo a la madre. Cuando el niño oye decir que "debe su vida a sus padres" o que "su madre le ha dado la vida", surgen en él impulsos cariñosos, unidos a otros de afirmación personal independiente, impulsos que dan origen al deseo de corresponder a sus padres con un don análogo, pagando así la deuda contraída con ellos. Bajo el dominio de estos sentimientos, construye la fantasía de salvación: salvará a la madre de un peligro, "le devolverá la vida". La salvación de la madre adquiere el sentido de regalarle o hacerle un niño, naturalmente, un niño en todo semejante al sujeto. El hijo muestra su agradecimiento deseando tener de su madre un hijo, lo que equivale a identificarse con el padre. Luego sustituirá a la madre por otra mujer. Podemos concluir que el deseo de hijo pasa en la mujer por una elección de objeto paterna, mientras que en el hombre, el deseo de hijo, estaría en relación con una identificación con el padre.

Quizás la causa más importante de infertilidad sean las alteraciones de la genitalidad, es decir, la abstinencia sexual secundaria a trastornos psíquicos; aunque no se contempla en algunos textos de Medicina, en el sentido de que ya hemos visto que para decir que alguien es infértil, tiene que haber mantenido durante un cierto tiempo relaciones sexuales (dos años).

Las alteraciones de la genitalidad son muy frecuentes en todas las neurosis actuales (neurastenia, neurosis de angustia e hipocondría) y también en alguna de las neurosis de transferencia (histeria, neurosis obsesiva) y en las psicosis donde el amor es fundamentalmente narcisista. La impotencia psíquica y la frigidez o el vaginismo son causas frecuentes de infertilidad como concepto ampliado.

Podríamos decir que es el ejercicio en presente de los verbos lo que hace que la función se realice como se espera, con normalidad. Las cosas se suelen hacer para algo, cuando en realidad, si uno lee para leer, disfrutando de la lectura, como beneficio extraordinario puede aprobar el examen, si uno lee para aprobar el examen, los resultados suelen ser peores. Hemos observado que cuando la pareja mantiene relaciones sexuales para tener hijos, les cuesta mucho más tenerlos que cuando mantienen relaciones sexuales para mantenerlas, para gozar y, secundariamente, tener hijos.

Muchas veces se ve a las parejas tan preocupadas por buscar el día de la ovulación, la postura más fértil, etc., que ese encuentro es cualquier cosa menos un encuentro amoroso. Ritualizan la relación sexual, pero el goce no se puede programar, cuando se programa, se pierde.

Hay un tipo especial de infertilidad sobre el que queremos realizar algunas observaciones, se trata de la alergia al semen.

La alergia al semen es una causa bastante inusual de infertilidad; hasta un 5 por ciento de la población experimenta una reacción alérgica al semen, conocida como hipersensibilidad al plasma seminal humano. Esta reacción del sistema inmunológico, que puede ocurrir tanto en hombres como en mujeres, produce anticuerpos que matan o invalidan a las células espermáticas. Algunos de los síntomas de la alergia al semen son:

- picazón generalizada,
- urticaria,
- inflamación o ampollas.

Esta situación alérgica nos hace pensar en la estructura fóbica. El fóbico es un ser rechazante, generalmente rehúsa el contacto con los demás, rechaza a los otros, se aísla. Una expresión extrema del rechazo al otro sería esta patología, que es la alergia al semen. Son mujeres que tienen alergia al semen de la pareja. Tienen reacciones vaginales alérgicas al esperma, que consisten generalmente en irritación, picazón o erupción en la zona genital, hinchazón, dolor cólico o incluso malestar general, llevando a la mujer a conductas de evitación del coito. Una alergia al semen puede ocasionar en la mujer la formación de anticuerpos contra el esperma, causando algunos casos de infertilidad.

Por otra parte, tenemos que tener en cuenta también los efectos de un diagnóstico de infertilidad sobre la sexualidad de la pareja. Si el sujeto no ha separado la procreación de la sexualidad, el diagnóstico de infertilidad puede afectar su sexualidad, en el sentido de que se puede llegar a preguntar, consciente o inconscientemente ¿para qué mantener relaciones sexuales si no voy a tener hijos? Ahí se pierde la vertiente de goce de la sexualidad, se supedita la sexualidad a la reproducción.

Otra problemática que surge frente al diagnóstico de infertilidad es que para el varón se pone en juego su virilidad, confunde su hombría con la paternidad, como no puede procrear siente que es menos hombre, pero la hombría y la paternidad son dos cuestiones diferentes, al igual que la feminidad y la maternidad, no por no ser madre se es menos mujer.

Esta confusión puede llevar a disfunciones sexuales, como impotencia masculina, por ejemplo. El varón, que se cree "menos hombre" por no poder ser padre, puede tener por esta creencia problemas con su potencia sexual.

Evidentemente, estas dos problemáticas no son generadas por el diagnóstico de infertilidad, sino que se manifiestan entonces, pero estaban presentes probablemente antes del diagnóstico.

ABORDAJE PSICOANALÍTICO.
UN CASO DE INFERTILIDAD

Caso clínico

Consulta un paciente varón de 32 años porque no duerme bien, está habitualmente nervioso, a veces se toma algún ansiolítico para tranquilizarse, y no le gusta "depender de esas drogas". Dice: "Mi madre murió de cáncer y estaba drogada los últimos meses con tanta pastilla". No quiero estar así.

Es periodista, trabaja en Madrid en una cadena de TV prestigiosa, se queja constantemente de la jefa, de que le hace moobing y no se siente reconocido en su trabajo.

Con su pareja, las peleas son continuas, "ella me desprecia, no pierde ocasión para desmerecer mi trabajo, estamos todo el tiempo discutiendo".

En Primavera acude a algunas sesiones quejándose de un acceso asmático, está tomando tratamiento broncodilatador.

No se lleva bien con casi ninguno de sus hermanos (son 8), sólo habla con una hermana, que también se psicoanaliza, vive en su ciudad natal. "A mi padre no lo puedo ni ver, siento culpa porque lo veo mayor, debería perdonarle su aspereza, su maltrato, mis hermanos son unos bestias como él, casi todos gente de pueblo, un poco paletos. Un señorito andaluz". "Yo soy más delicado y sensible, como lo era mi madre".

Hay una ocasión en la que en el trabajo se forma un grupo que lo quiere erigir como líder, lo quiere proponer como jefe, para sustituir a la actual jefa que al parecer "le hace la vida imposible a varios", pero él no quiere asumir ningún liderazgo.

¿No quiere ser padre?, le pregunta la analista.

Ríe y cuenta algo que no había relatado hasta entonces, que su pareja ha intentado quedarse embarazada en cinco ocasiones, por FIV, sin conseguirlo, que llevan gastado un pastón, todo un dinero que tenían ahorrado se ha esfumado y que, a lo mejor, sí es cierto que algunas dificultades tiene para ser padre.

Cuenta una historia de abusos por un cura (un padre) del pueblo, no recuerda bien, pero cree que "le tocaba". Recuerda tener entonces cerca de nueve años.

A los nueve meses de análisis el padre le dice que le quiere ceder un castillo en su ciudad de origen. "Yo nunca le pedí nada, soy independiente económicamente de él desde muy joven, me fui de casa a los 20 ¿porqué tendría ahora que aceptar algo suyo?" También dice que es un paraje hermoso, con un pequeño riachuelo que surca la finca, grandes árboles y extensiones y que el castillo rehabilitado puede ser un hotel espectacular, o un lugar de retirada. "Está un poco viejo y hay que rehabilitarlo", dice que no sabe si aceptar, aludiendo a que tendrá que gastar mucho dinero para rehabilitarlo.

La psicoanalista le dice que su padre no parece tener intención de cambiar, que no pierda el tiempo en intentar rehabilitarlo. Que quizás si se ocupara de su ser padre. Ríe.

Comienza a hacer pequeñas escapadas a su ciudad natal, a la que no iba desde hace años, consigue hablar con el padre, conversar después de años de silencio. Descubre en análisis que aquel padre terrible de su infancia se ha desvanecido. Su padre no es ya aquél hombre de sus recuerdos, quizás no lo fue nunca, llega a decir. "Mi madre siempre ha ido de sufridora, yo la compadecía a ella y odiaba a mi padre, pero quizás era ella la que estaba todo el día haciéndose la víctima y necesitaba inventar un sádico". Comienza a reconciliarse con el padre. Finalmente acepta la herencia en vida del padre. Por esta época dice no tomar más ansiolíticos ni drogas (algún fin de semana consumía alcohol y cocaína, después se sentía fatal física y psíquicamente, en alguna ocasión se le interpreta: usted con tal de parecerse a su madre…).

Quiere cambiar de empleo y, tras algunas entrevistas de trabajo, surge una oferta laboral en la que le pagan mucho más dinero y le ofrecen la dirección de un programa de TV, pero es en su ciudad natal: "es de paletos volver allí después de haber pasado por Madrid", se dice, mientras piensa si acepta o rechaza la oferta de mejor sueldo y una categoría laboral más alta. "Es como volver derrotado, no es lo mismo triunfar en la capital que allí".

La psicoanalista le pregunta si ese no le parece un pensamiento de paleto.

Ríe y dice: "Es verdad. Los paletos siempre quisimos irnos a triunfar en Madrid".

También relata: "Quiero escribir una novela, pero no lo consigo. Comienzo y rompo, comienzo y rompo". Luego habla de grandes novelistas a los que admira y de sus grandes éxitos editoriales. Se le indica que quizás si no quisiera escribir la mejor novela del mundo y hacer un bestseller de lo primero que escribe, sería más fácil.

A los nueve meses de análisis, tras retomar la relación con uno de sus hermanos, que también escribe, publican un poemario juntos.

Su mujer queda embarazada sin la utilización de ningún método de fecundación asistida, está muy sorprendido, su reciente paternidad le empuja a elegir el nuevo puesto de trabajo.

Parece que todo pasa por el Nombre del Padre, se reconcilia con el padre, acepta su herencia, y también se aleja de su cercanía a la madre en el mismo movimiento: ya no quiere ser un drogadicto como la madre. Eso le permite ejercer la función padre a su vez: padre de una niña, jefe de equipo, padre de una publicación: su poemario compartido con el hermano, con el que se reconcilia tras el acercamiento al padre o durante el mismo (ya nos dice Freud que los problemas entre hermanos son generalmente problemas con el padre).

Otro detalle interesante es el asma que desapareció en el curso del tratamiento (recordemos lo que se dice de la madre del asmático, agobiadora, asfixiante...), parece que el padre viene a poner esa distancia necesaria entre el sujeto y su madre.

BIBLIOGRAFÍA

FREUD, S. Neurastenia y la Neurosis de Angustia (1894). Obras completas de Sigmund Freud. Traducción de Luis López Ballesteros. Ed. Biblioteca Nueva, Madrid 1996.

FREUD, S. Tres ensayos para una teoría sexual (1905). Obras completas de Sigmund Freud. Traducción de Luis López Ballesteros. Ed. Biblioteca Nueva, Madrid 1996.

FREUD, S. La moral sexual cultural y la nerviosidad moderna (1908). Obras completas de Sigmund Freud. Traducción de Luis López Ballesteros. Ed. Biblioteca Nueva, Madrid 1996.

FREUD, S. Sobre un tipo especial de la elección de objeto en el hombre (1910). Obras completas de Sigmund Freud. Traducción de Luis López Ballesteros. Ed. Biblioteca Nueva, Madrid 1996.

FREUD, S. El tabú de la virginidad (1910). Obras completas de Sigmund Freud. Traducción de Luis López Ballesteros. Ed. Biblioteca Nueva, Madrid 1996.

FREUD, S. Concepto psicoanalítico de las perturbaciones psicógenas de la visión (1910). Obras completas de Sigmund Freud. Traducción de Luis López Ballesteros. Ed. Biblioteca Nueva, Madrid 1996.

FREUD, S. Contribuciones al simposium sobre la masturbación (1912). Obras completas de Sigmund Freud. Traducción de Luis López Ballesteros. Ed. Biblioteca Nueva, Madrid 1996.

FREUD, S. Sobre una degradación general de la vida erótica (1912). Obras completas de Sigmund Freud. Traducción de Luis López Ballesteros. Ed. Biblioteca Nueva, Madrid 1996.

FREUD, S. Tótem y tabú (1912). Obras completas de Sigmund Freud. Traducción de Luis López Ballesteros. Ed. Biblioteca Nueva, Madrid 1996.

FREUD, S. Introducción al narcisismo (1914). Obras completas de Sigmund Freud. Traducción de Luis López Ballesteros. Ed. Biblioteca Nueva, Madrid 1996.

FREUD, S. Sobre las transmutaciones de los instintos y especialmente del erotismo anal (1915). Obras completas de Sigmund Freud. Traducción de Luis López Ballesteros. Ed. Biblioteca Nueva, Madrid 1996.

FREUD, S. La organización genital infantil (1923). Obras completas de Sigmund Freud. Traducción de Luis López Ballesteros. Ed. Biblioteca Nueva, Madrid 1996.

FREUD, S. La disolución del complejo de Edipo (1924). Obras completas de Sigmund Freud. Traducción de Luis López Ballesteros. Ed. Biblioteca Nueva, Madrid 1996.

FREUD, S. Inhibición, Síntoma y Angustia (1925). Obras completas de Sigmund Freud. Traducción de Luis López Ballesteros. Ed. Biblioteca Nueva, Madrid 1996.

FREUD, S. Algunas consecuencias psíquicas de la diferencia sexual anatómica (1925). Obras completas de Sigmund Freud. Traducción de Luis López Ballesteros. Ed. Biblioteca Nueva, Madrid 1996.

FREUD, S. Sobre la sexualidad femenina (1931). Obras completas de Sigmund Freud. Traducción de Luis López Ballesteros. Ed. Biblioteca Nueva, Madrid 1996.

FREUD, S. La feminidad (1932). Obras completas de Sigmund Freud. Traducción de Luis López Ballesteros. Ed. Biblioteca Nueva, Madrid 1996.

FREUD, S. Moises y la religión monoteísta (1934). Obras completas de Sigmund Freud. Traducción de Luis López Ballesteros. Ed. Biblioteca Nueva, Madrid 1996.

LACAN, J. Seminario 3. Las Psicosis. Editorial Paidós. Buenos Aires 1997.

LACAN, J. Seminario 4. La relación de objeto. Editorial Paidós. Buenos Aires 1998.

LACAN, J. Seminario 8. La transferencia. Editorial Paidós. Buenos Aires 2003.

LACAN, J. Seminario 11. Los cuatro conceptos fundamentales del psicoanálisis. Editorial Paidós. Buenos Aires 1999.

LACAN, J. Seminario 20. Aún. Editorial Paidós. Buenos Aires 2001.

LACAN, J. Ideas directivas para un congreso sobre la sexualidad femenina. Escritos 2. Ed. Siglo XXI, 19ª edición. Méjico 1998.

LACAN, J. De una cuestión preliminar a todo tratamiento posible de la psicosis. Escritos 2. Ed. Siglo XXI, 19ª edición. Méjico 1998.

Menassa, M.O. Freud y Lacan hablados 5. Editorial Grupo Cero. Madrid 2014.

Menassa, M.O. La mujer y yo. Editorial Grupo Cero. Madrid 2003.

Menassa M.O. Las eternas relaciones de pareja. Publicado en Rev. Extensión Universitaria, N° 115. Junio de 2010. http://www.extensionuniversitaria.com/num115/p2.htm

Menassa M.O., Menassa A., Rojas P. et al. La mujer del siglo XXI. Editorial Grupo Cero. Madrid 2012.

Menassa A., Rojas P. Medicina Psicosomática II. Diagnóstico diferencial entre la histeria, la enfermedad orgánica y la enfermedad psicosomática. Editorial Grupo Cero. Madrid 2012.

Rojas P., Menassa A. Medicina Psicosomática I. Cuestiones preliminares. Editorial Grupo Cero. Madrid 2005.

Menassa M.O., Kozak J., Menassa N. et al. Medicina Psicosomática. 2ª edición Editorial Grupo Cero. Madrid 1993.

*Esta obra se terminó de realizar
en Pinares Impresores, S.L.
en Mayo de 2015.*

EDITORIAL GRUPO CERO
Duque de Osuna, 4 local - 28015 Madrid, España - Teléfono 917 581 940
www.editorialgrupocero.com